새로운 도서,
다양한 자료
동양북스
홈페이지에서
만나보세요!

www.dongyangbooks.com
m.dongyangbooks.com

홈페이지 도서 자료실에서 학습자료 및 MP3 무료 다운로드

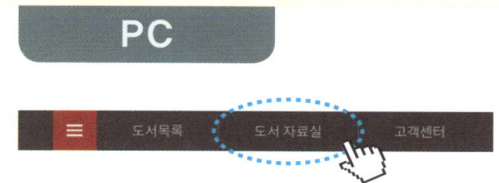

❶ 홈페이지 접속 후 **도서 자료실** 클릭
❷ 하단 검색 창에 검색어 입력
❸ MP3, 정답과 해설, 부가자료 등 첨부파일 다운로드
  * 원하는 자료가 없는 경우 '요청하기' 클릭!

* 반드시 '인터넷, Safari, Chrome' App을 이용하여 홈페이지에 접속해주세요. (네이버, 다음 App 이용 시 첨부파일의 확장자명이 변경되어 저장되는 오류가 발생할 수 있습니다.)

❶ 홈페이지 접속 후 ≡ 터치

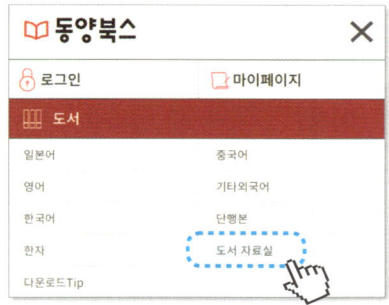

❷ 도서 자료실 터치

❸ 하단 검색창에 검색어 입력
❹ MP3, 정답과 해설, 부가자료 등 첨부파일 다운로드
  * 압축 해제 방법은 '다운로드 Tip' 참고

미래와 통하는 책

가장 쉬운 독학
일본어 첫걸음
14,000원

버전업! 굿모닝
독학 일본어 첫걸음
14,500원

일단 합격하고 오겠습니다
JLPT 일본어능력시험 N3
26,000원

일본어 100문장 암기하고
왕초보 탈출하기
13,500원

가장 쉬운 독학
중국어 첫걸음
14,000원

가장 쉬운 중국어
첫걸음의 모든 것
14,500원

일단 합격 新HSK
한 권이면 끝! 4급
24,000원

중국어
지금 시작해
14,500원

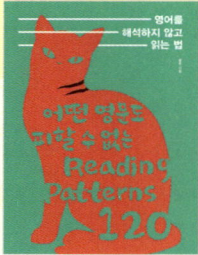
영어를 해석하지 않고
읽는 법
15,500원

미국식
영작문 수업
14,500원

세상에서 제일 쉬운
10문장 영어회화
13,500원

영어회화
순간패턴 200
14,500원

가장 쉬운 독학
베트남어 첫걸음
15,000원

가장 쉬운 독학
프랑스어 첫걸음
16,500원

가장 쉬운 독학
스페인어 첫걸음
15,000원

가장 쉬운 독학
독일어 첫걸음
17,000원

동양북스 베스트 도서

THE
GOAL 1
22,000원

인스타
브레인
15,000원

직장인, 100만 원으로
주식투자 하기
17,500원

당신의 어린 시절이
울고 있다
13,800원

놀면서 스마트해지는 두뇌 자극
플레이북 딴짓거리 EASY
12,500원

죽기 전까지
병원 갈 일 없는 스트레칭
13,500원

가장 쉬운 독학
이세돌 바둑 첫걸음
16,500원

누가 봐도 괜찮은 손글씨 쓰는
법을 하나씩 하나씩 알기 쉽게
13,500원

가장 쉬운 초등 필수 파닉스
하루 한 장의 기적
14,000원

가장 쉬운 알파벳 쓰기
하루 한 장의 기적
12,000원

가장 쉬운 영어 발음기호
하루 한 장의 기적
12,500원

가장 쉬운 초등한자 따라쓰기
하루 한 장의 기적
9,500원

세상에서 제일 쉬운
엄마표 생활영어
12,500원

세상에서 제일 쉬운
엄마표 영어놀이
13,500원

창의쑥쑥 환이맘의
엄마표 놀이육아
14,500원

동양북스
www.dongyangbooks.com
m.dongyangbooks.com

YouTube 동양북스 를 검색하세요

https://www.youtube.com/channel/UC3VPg0Hbtxz7squ78S16i1g

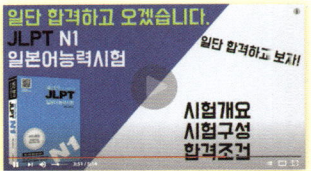  

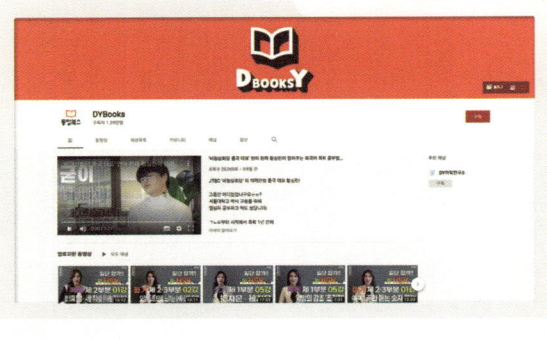

동양북스는 모든 외국어 강의영상을 무료로 제공하고 있습니다.
동양북스를 구독하시고 여러가지 강의 영상 혜택을 받으세요.

https://m.post.naver.com/my.nhn?memberNo=856655

NAVER 동양북스 포스트
를 팔로잉하세요

동양북스 포스트에서 다양한 도서 이벤트와
흥미로운 콘텐츠를 독자분들에게 제공합니다.

중국어뱅크

이야기로 만나는

중국문학 독해

성어부터 시가까지 중국문학을 읽는다는 것, 중국문학의 즐거움!

熊欢 편저
김현철·김주희·이준섭 편역
원제 : 中国文学读本 (절강교육출판사 刊)

동양북스

이야기로 만나는
중국문학 독해

초판 2쇄 | 2022년 9월 5일

편　　저 | 熊欢
편　　역 | 김현철, 김주희, 이준섭
발행인 | 김태웅
편집주간 | 박지호
편　　집 | 신효정
디자인 | 남은혜, 신효선
일러스트 | 이설
마케팅 | 나재승
제　　작 | 현대순

발행처 | (주)동양북스
등　　록 | 제 2014-000055호(2014년 2월 7일)
주　　소 | 서울시 마포구 동교로22길 14 (04030)
구입 문의 | 전화 (02)337-1737　팩스 (02)334-6624
내용 문의 | 전화 (02)337-1762　dybooks2@gmail.com

http://www.dongyangbooks.com

ISBN 979-11-5768-387-1 13720

ⓒ 2018, 熊欢

이 책의 한국어판 저작권은 절강교육출판사와의 독점 계약으로 동양북스에 있습니다.

▶ 본 책은 저작권법에 의해 보호를 받는 저작물이므로 무단 전재와 복제를 금합니다.
▶ 잘못된 책은 구입처에서 교환해드립니다.
▶ 도서출판 동양북스에서는 소중한 원고, 새로운 기획을 기다리고 있습니다.
　　http://www.dongyangbooks.com

이 도서의 국립중앙도서관 출판예정도서목록(CIP)은 서지정보유통지원시스템 홈페이지(http://seoji.nl.go.kr)와
국가자료공동목록시스템(http://www.nl.go.kr/kolisnet)에서 이용하실 수 있습니다.
(CIP제어번호:CIP2018012661)

머리말

본 책은 중국어 학습자의 독해 수업에 활용하기 위해 편집되었다.

독해란 '글을 읽어서 뜻을 이해하는 것'이 사전적 해석이다. 다시 말해 단어와 문장이 의미하는 것을 이해하는 것뿐만 아니라 독해 자료의 각 부분들이 유기적인 관계 속에서 서로 결합하여 만든 의미를 이해하는 것도 포함한다. 그러므로 독해란 글과 연관된 생각 속에 숨겨져 있는 구상적(具象的) 활동이며, 듣기, 말하기와는 달리 실제 사회적 활동으로 나타나지 않는 심리적 과정이라고도 할 수 있다.

그렇다면 이런 독해, 리딩, 속독을 잘 하는 방법은 무엇일까?

이 문제에 간단하게 답하기는 어렵지만 적어도 다음과 같은 답을 확신할 수 있다.

독해는 단어학습이다!
독해는 구문독해다!
독해는 문화·습관의 이해다!

세계적인 출판사에서 출판한 영어 관련 독해교재는 수없이 많이 들어와서 보편화되었다. 그런데 중국어 독해교재는 수가 부족할 뿐만 아니라 어떻게 구성하고 편집할 것인지에 대한 고민이 부족한 실정이다.

독해학습법 중 '다차원 읽기(Multi-Dimensional Reading) 학습법'이라는 것이 있다. 이는 먼저 정해진 브레인스토밍(본 책의 '들여다보기')을 이용해 먼저 주어진 주제를 이해하고 판단하게 한 후, 다시 단어와 텍스트(본 책의 '새단어와 본문')를 공부하는 방법이다. 다시 여기에 논리적 독해를 위한 스토리텔링에 집중하기(본 책의 '찾아보기'), 보고 따라 훈련하기(본책의 '분석하기'), 구문 이해하기(본책의 '내공 쌓기'), 확인·점검하기(본 책의 '실력 점검하기'), 관련 문화내용 익히기(본 책의 '쉼 코너') 로 총 7단계로 구성되어 있다.

이렇듯, 본 책은 중국어 독해연습을 통한 어휘 확장, 그리고 구문 분석과 논리적 글쓰기를 위한 상세 해설 등 지금까지와는 전혀 다른 체계와 구성으로 한국의 제대로 된 중국어 교육의 시금석이 될 문학독본의 성격을 띠고 이 세상에 나오게 된 것이다.

모쪼록 본 교재를 통해 고난도 문제를 풀 수 있는 실력을 쌓을 뿐만 아니라 최고의 독해실력에 도달하는 좋은 결과도 얻길 바란다.

이 책이 나오기까지 어려운 출판환경 속에서 꾸준히 지지하고 노력하는 동양북스 식구 모든 분들께 다시 한번 감사의 말씀을 드린다.

매번 그렇듯, 또 하나의 산을 넘었을 뿐이다. 저 멀리 다른 산을 넘기 위해!

2018년 春夜 哲山書室에서 씀

차례

이 책의 구성과 특징 ·· 6
일러두기 ·· 8

성어

제1과　**自相矛盾** ································· 9
앞뒤가 서로 맞지 않고 모순되다

제2과　**拔苗助长** ································ 17
너무 서두르면 망친다

제3과　**守株待兔** ································ 25
고지식하고 융통성 없이 요행만을 바라다

제4과　**掩耳盗铃** ································ 33
눈 가리고 아웅

제5과　**半途而废** ································ 41
가다가 포기하면 아니 감만 못하다

설화

제6과　**孟姜女哭长城** ························· 49
맹강녀의 눈물로 무너진 만리장성

제7과　**"年"与春节的传说** ················· 59
'연' 괴수와 구정의 유래

제8과 **精卫填海** ……………………………… 69
온갖 고난을 무릅쓰고 고군분투하다

제9과 **嫦娥奔月** ……………………………… 79
상아가 달로 달아나다

제10과 **鲧禹治水** ……………………………… 89
곤, 우가 물을 다스린 중원의 신화

소설

제11과 **三顾茅庐** ……………………………… 99
참을성과 정성으로 뛰어난 인재를 얻다

시가

제12과 **中国诗歌** ……………………………… 109
중국의 시

해석 및 모범 답안 ……………………………… 117
인용 자료 ……………………………… 130

이 책의 구성과 특징

『이야기로 만나는 중국문학 독해』는 성어부터 설화, 소설, 시가까지 중국 문학을 바탕으로 다음과 같이 본문을 구성하였습니다. 본 책을 중심으로 학습하면서 '워크북'과 'MP3 파일'도 함께 활용해 보세요.

들여다보기
본문의 이해를 돕기 위해 본문과 관련된 이미지를 보고, 질문에 답을 생각하며 본문 학습을 준비합니다.

본문
중국의 성어, 신화, 민담, 소설, 시를 통해 중국어 독해를 학습합니다.

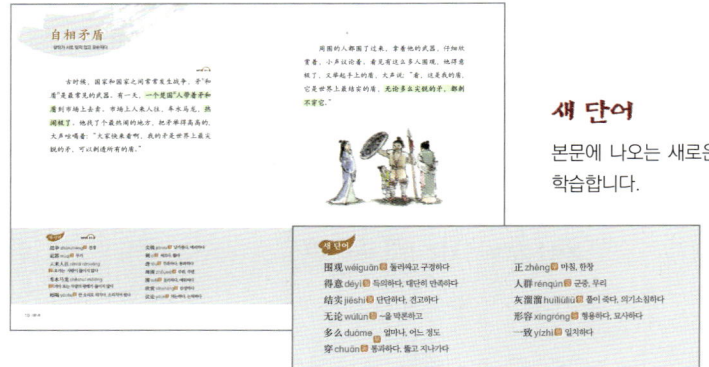

새 단어
본문에 나오는 새로운 단어를 학습합니다.

내공 쌓기
본문에서 문장을 선별하여, 중국어 어법을 설명하고, 예문을 통해 이해를 돕습니다.

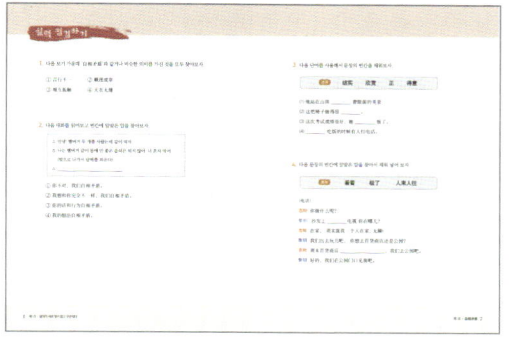

실력 점검하기

다양한 형태의 연습 문제로 본문 내용을 이해했는지 확인하고, 본문의 주요 표현을 복습합니다.

쉼 코너

본문과 관련된 도서, 인물, 지역, 역사 등 중국의 다양한 문화를 소개합니다.

부록

워크북

본문을 다시 한번 보고, 학습한 내용을 상기하여 연습 문제로 학습 내용을 확인합니다.

MP3 무료 다운로드

본 책에 들어가는 MP3 파일은 동양북스 홈페이지(www.dongyangbooks.com)에서 가입 절차 없이도 무료로 다운로드 하실 수 있습니다.

일러두기

● 이 책의 표기 규칙

1. 이 책에 나오는 중국의 지명, 인명, 작품의 명칭 등은 한자 발음으로 표기하였습니다.
2. 4개의 단어로 된 성어, 명사 등의 한어병음은 이음절씩 띄어 쓰고, 이음절씩 나누어 읽을 수 없는 단어는 모두 붙여 썼습니다.

● 품사약어표

품사명	약어	품사명	약어	품사명	약어
명사	명	양사	양	접속사	접
동사	동	개사	개	대명사	대
부사	부	형용사	형	조사	조
수사	수	조동사	조동	성어	성

● 수업 용어

수업 시작했어요.	上课了。 Shàngkè le.
▢ 페이지를 펴세요.	请打开弟 ▢ 页。 Qǐng dǎkāi dì- ▢ yè.
잘했어요!	真棒！ Zhēn bàng!
10분 쉴게요.	休息十分钟。 Xiūxi shí fēnzhōng.
오늘은 여기까지 할게요.	今天就到这儿。 Jīntiān jiù dào zhèr.

自相矛盾
zì xiāng máo dùn

앞뒤가 서로 맞지 않고 모순되다

들여다보기

위와 같은 상황에서 당신이라면 어떤 말을 했을까?

自相矛盾

앞뒤가 서로 맞지 않고 모순되다

　　古时候，国家和国家之间常常发生战争，矛¹⁾和盾²⁾是最常见的武器。有一天，一个楚国³⁾人带着矛和盾到市场上去卖。市场上人来人往，车水马龙，热闹极了。他找了个最热闹的地方，把矛举得高高的，大声吆喝着："大家快来看啊，我的矛是世界上最尖锐的矛，可以刺透所有的盾。"

새 단어

战争 zhànzhēng 명 전쟁
武器 wǔqì 명 무기
人来人往 rénlái rénwǎng 성 오가는 사람이 끊이지 않다
车水马龙 chēshuǐ mǎlóng 성 거마 또는 차량의 왕래가 끊이지 않다
吆喝 yāohe 동 큰 소리로 외치다, 소리치며 팔다

尖锐 jiānruì 형 날카롭다, 예리하다
刺 cì 동 찌르다, 뚫다
透 tòu 동 투과하다, 통과하다
周围 zhōuwéi 명 주위, 주변
围 wéi 동 둘러싸다, 에워싸다
欣赏 xīnshǎng 동 감상하다
议论 yìlùn 동 의논하다, 논의하다

周围的人都围了过来，拿着他的武器，仔细欣赏着，小声议论着。看见有这么多人围观，他得意极了，又举起手上的盾，大声说："看，这是我的盾，它是世界上最结实的盾，无论多么尖锐的矛，都刺不穿它。"

围观 wéiguān 동 둘러싸고 구경하다
得意 déyì 형 득의하다, 대단히 만족하다
结实 jiēshi 형 단단하다, 견고하다
无论 wúlùn 접 ~을 막론하고
多么 duōme 부 얼마나, 어느 정도
穿 chuān 동 통과하다, 뚫고 지나가다
正 zhèng 부 마침, 한창

人群 rénqún 명 군중, 무리
灰溜溜 huīliūliū 형 풀이 죽다, 의기소침하다
形容 xíngróng 동 형용하다, 묘사하다
一致 yízhì 형 일치하다

大家正准备欣赏他的盾时，人群中有一个人问他："你的矛是最尖锐的矛，你的盾是最结实的盾。如果用你的矛去刺你的盾，结果会怎么样呢？"大家听了，都哈哈地笑了。那个人的脸一下子变红了，拿起他的矛和盾，灰溜溜地走了。

以后人们常常用"自相矛盾"来形容说话前后不一致。

분석하기

- 창과 방패를 팔던 사람은 마지막 질문에 왜 얼굴이 붉어졌을까?
- 이 글의 주제는 무엇일까? '들여다보기'의 내용을 생각하며 친구와 말해보자.
- '自相矛盾'과 같은 의미의 한국어 표현은 무엇일까?

찾아보기

1) 矛 모. 흔히 창이라고 불리는 무기로, 긴 대나무나 나무 손잡이에 뾰족하고 폭이 넓은 날을 부착했다.
2) 盾 방패. 손으로 들고 적의 공격을 막는 방어구이다.
3) 楚国(?~BC 223) 중국 춘추전국시대(春秋战国时代)의 제후국(诸侯国) 중 하나이다. 지금의 호남성(湖南省), 호북성(湖北省) 일대에 있었다.

내공 쌓기

1. 一个楚国人带着矛和盾

동사 + 着

- 시태조사 '着'는 동작이나 상태가 지속되고 있음을 나타낸다.
  - 예) 她手里拿着两本书。 그녀는 손에 책 두 권을 들고 있다. [동작 지속]
    窗户开着。 창문이 열려 있다. [상태 지속]

2. 热闹极了

형용사 + 极了

- '极了'는 형용사 뒤에 붙어 정도가 매우 심함을 표현하는데, 이것을 정도보어라고 한다.
  - 예) 今天是我的生日，高兴极了！ 오늘은 내 생일이야, 너무 신나!
    他对他自己失望极了。 그는 그 자신에게 너무 실망했다

3. 无论多么尖锐的矛，都刺不穿它

无论 (+ A) + 多么 + B

- '无论 (+ A) + 多么 + B'는 '얼마나 (A가) B하든지'라는 의미를 나타낸다.
  - 예) 无论今天多么困难、不要放弃。
    아무리 오늘이 힘들더라도, 포기하지 마라.
    无论多么优秀的学生，都不能停止学习。
    아무리 뛰어난 학생이라도, 공부를 멈출 수 없다.

실력 점검하기

1. '自相矛盾'과 같거나 비슷한 의미를 가진 것을 모두 찾아보자.

① 言行不一　　　　　　② 順理成章

③ 相互抵触　　　　　　④ 天衣无缝

2. 다음 대화를 읽고 빈칸에 알맞은 말을 찾아보자.

> A: 안녕! 햄버거 두 개를 사왔는데 같이 먹자.
> B: 나는 햄버거 같이 몸에 안 좋은 음식은 먹지 않아. 너 혼자 먹어.
> 　[B가 밖으로 나가 담배를 피운다.]
> A: _____

① 你不对，我们自相矛盾。

② 我想和你完全不一样，我们自相矛盾。

③ 你的话和行为自相矛盾。

④ 我的想法自相矛盾。

3. 문장의 빈칸에 알맞은 단어를 보기에서 골라 채워보자.

> **보기**　　结实　　欣赏　　正　　得意

(1) 他站在山顶 _____ 着眼前的美景。

(2) 这把椅子做得很 _____ 。

(3) 这次考试成绩很好，她 _____ 极了。

(4) _____ 吃饭的时候有人打电话。

4. 빈칸에 알맞은 말을 보기에서 골라 대화를 완성해 보자.

> **보기**　　看着　　极了　　人来人往

[电话]

志玲　你做什么呢？

黎明　沙发上(1)_____电视。你在哪儿？

志玲　在家，周末就我一个人在家，无聊(2)_____！

黎明　我们出去玩儿吧，你想去百货商店还是公园？

志玲　周末百货商店(3)_____，我们去公园吧。

黎明　好的，我们在公园门口见面吧。

'自相矛盾'라는 말은 어디에서 왔을까?

'自相矛盾'은 『한비자(韓非子)』의 「난일(难一)」편에 기록된 창과 방패를 파는 초나라 사람 이야기에서 나온 말이다. 『한비자』는 중국 전국시대 말기, 한(韩)나라의 한비(韩非)가 법가(法家)의 사상을 정리하여 저술한 책이다. 법가란 법으로서 나라를 다스려야 한다고 주장한 사상가들을 말하는데, 한비는 여러 법가 이론들을 집대성함으로써 법가 사상의 체계를 수립하였다. 그는 성악설에 근거하여 성문법을 주장했으며, 이를 나라를 다스리는 가장 객관적인 수단으로 보았다. 또한 군주는 감정을 숨기고 법에 따라 냉철하게 나라를 다스려야 하며, 모든 법은 공개적이며 엄격하게 준수되어야 한다고 주장했다.

한비(韩非)

제자백가(诸子百家)?

제자백가(诸子百家)란 중국 춘추전국시대(春秋战国时代, BC 770~BC 221)에 활동한 여러 학자와 학파를 말한다. 즉 제자(诸子)는 여러 학자를 의미하고, 백가(百家)는 많은 학파를 의미한다. 이들의 목적은 자신들의 학문과 사상으로 당시의 어지러운 사회를 구하는 것이었다. 주요 학파를 소개하면 다음과 같다.

유가(儒家): 인간의 근본을 인(仁)으로 보고 인을 실현하는 것을 목적으로 했다. 공자(孔子)가 대표적이다.

도가(道家): 인위적인 것을 거부하고, 무욕과 허무의 방법으로 자연에 순응하는 삶을 추구했다. 노자(老子)가 대표적이다.

음양가(阴阳家): 자연의 변화는 인간의 변화를 일으키므로 천문(天文), 점복(占卜) 등을 통해 미래의 길흉(吉凶)을 예측하고자 했다. 추연(邹衍)이 대표적이다.

명가(名家): 사물의 이름과 실체 사이를 탐구하고, 언어를 분석하고자 했다. 유럽의 논리학파와 유사하다. 혜시(惠施)와 공손용(公孙龙)이 대표적이다.

묵가(黑家): 차별없는 겸애(兼爱)를 주장하였으며, 허례허식을 배척하고 침략전쟁에 반대했다. 묵자(黑子)가 대표적이다.

이 외에도 법가(法家), 종횡가(纵横家), 잡가(杂家), 농가(农家) 등이 있다.

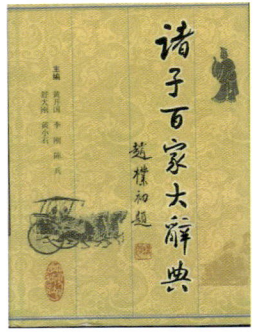

제자백가(诸子百家) 대사전

拔苗助长
bá miáo zhù zhǎng

너무 서두르면 망친다

들여다보기

- 어머니의 계획은 아이에게 어떤 영향을 미칠까?
- 위와 같은 상황에서 당신이 아버지라면 어떤 말을 할 수 있을까?

拔苗助长

너무 서두르면 망친다

　　宋国¹⁾有一个农民，性子很急，做事情没有耐心，总是希望事情一下子就能做好。春天，把秧苗插进田里以后，他每天都跑到田里去看几次，盼着秧苗能快快长高。可是，秧苗好像故意跟他作对一样，一点儿也没有长。他急得直跺脚，心想：'不行，秧苗长得太慢了，这要等到什么时候啊！我得想个办法。'他绞尽脑汁，终于想到了一个好办法。

새 단어

农民 nóngmín 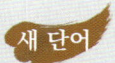 농민, 농부
性子 xìngzi 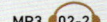 성격, 성질
耐心 nàixīn 명 인내심
秧苗 yāngmiáo 명 새싹, 도
插 chā 동 꽂다, 끼우다
盼 pàn 동 바라다, 희망하다
好像 hǎoxiàng 부 마치 ~고 같다

故意 gùyì 부 고의로, 일부러
作对 zuòduì 동 맞서다, 대립하다
一点儿 yìdiǎnr 양 조금
跺脚 duòjiǎo 동 발을 동동 구르다
绞尽脑汁 jiǎojìn nǎozhī
성 온갖 지혜를 다 짜내다
终于 zhōngyú 부 마침내, 결국

这天,天刚亮,他就来到田里,低着头,弯着腰,把秧苗一点儿一点儿地往上拔,一直干到太阳下山,累得腰都直不起来了。回到家里,他高兴地对家里人说:"今天可把我累坏了,辛辛苦苦干了一整天。不过,工夫总算没有白费,秧苗全都长高了,哈哈,我太高兴了!"

弯 wān 동 구부리다
腰 yāo 명 허리
辛辛苦苦 xīnxin kǔkǔ 형 매우 고생스럽다
白费 báifèi 동 허비하다, 괜한 노력을 하다
呆住 dāizhù 동 꼼짝 않고 멍청해지다
东倒西歪 dōngdǎoxīwāi
성 중심을 잡지 못해 쓰러질 듯하다

任何 rènhé 대 어떠한, 무슨
规律 guīlǜ 명 규율, 법칙
急于求成 jíyú qiúchéng 성 객관적인 조건을 무시하고, 서둘러 목적을 달성하려 하다
违背 wéibèi 동 위반하다, 위배하다
适得其反 shìdéqífǎn
성 결과가 바라는 것과 정반대가 되다

家里人都觉得很奇怪，秧苗怎么可能一天就长高呢？第二天，他的儿子跑到田里去看，刚走到田边就呆住了：秧苗东倒西歪的，全都死了。

　　任何事情都有自己的规律，如果急于求成，违背了事物的自然规律，就会适得其反。

분석하기

- 농부는 왜 매일 논에 가서 벼 싹을 살펴보았을까?
- 이 글의 주제는 무엇일까? '들여다보기'의 내용을 생각하며 친구와 말해보자.
- '拔苗助长'과 같은 의미의 한국어 표현은 무엇일까?

찾아보기

1) 宋国(BC 1114~BC 286) 중국 춘추시대(春秋时代)의 제후국 중 하나이다. 지금의 하남성 (河南省) 상구시(商丘市)에 위치했었다.

내공 쌓기

1. 秧苗好像故意跟他作对一样

好象…(一样)

- '好象…(一样)'은 '마치 ~와/과 같다'라는 뜻이며, '一样' 대신 '似的'를 사용할 수 있다.
  - 예) 他们又说又笑，好像很久没见的朋友一样。
    그들이 웃으며 말하는 것이, 마치 오랫동안 만나지 못했던 친구 같다.

2. 一点儿也没有长

一点儿也不 + 동사/형용사

- '一点儿也不'는 '전혀/조금도 ~하지 않다'와 같이 완전 부정의 의미를 나타낸다. '也' 대신 '都'를 사용할 수 있다.
  - 예) 我一点儿也不懂。 나는 전혀 이해하지 못한다.
    昨天发生的情况，他一点儿也不知道。 어제 일어난 상황을, 그는 조금도 알지 못한다.

3. 秧苗长得太慢了

술어 + 得 + 상태보어

- 상태보어는 술어 뒤에서 동작을 묘사하거나 상태를 보충 설명해 준다. 이때 술어와 보어 사이에 일반적으로 조사 '得'를 사용한다.
  - 예) 今天我起得很早。 오늘 나는 일찍 일어났다.
    她高兴得跳起来。 그녀는 기뻐서 껑충껑충 뛰었다.

실력 점검하기

1. '拔苗助长'과 같거나 비슷한 의미를 가진 것을 모두 찾아보자.

① 顺其自然　　　　　　② 揠苗助长

③ 放人自流　　　　　　④ 循序渐进

2. 다음 대화를 읽고 빈칸에 알맞은 말을 찾아보자.

> A: 어제 집 앞에서 예쁜 꽃을 봤는데, 아직 봉오리가 다 벌어지지 않았어.
> B: 이제 봄이니까 조금만 기다리면 꽃이 완전히 필거야.
> A: 너무 보고 싶어서 못 기다리겠어. 오늘 손으로 봉오리를 벌려 놓을 거야.
> B: _____

① 你不能拔苗助长，我先去把它掰开。
② 这种拔苗助长的做法对花儿很好。
③ 对花儿不能拔苗助长，我不希望它长大。
④ 不要拔苗助长，这种做法只会把事情弄糟。

3. 문장의 빈칸에 알맞은 단어를 보기에서 골라 채워보자.

> **보기** 任何   盼着   故意   终于

(1) 他没有_____不好的习惯。

(2) 今天迟到，我看你是_____的。

(3) 经过多次失败之后，他_____找到工作了。

(4) 你的父母_____你早日回国。

4. 빈칸에 알맞은 말을 보기에서 골라 대화를 완성해 보자

> **보기** 绞尽脑汁   耐心   好像   一点儿也不

老师 这次考试，你感觉怎么样?

学生 (1)_____不太好。对我来说，这次考试(2)_____简单。有些题我(3)_____知道怎么做。

老师 你要有(4)_____，多做练习。

중국의 고대 시기, 춘추전국시대(春秋战国时代)

춘추전국시대(春秋战国时代, BC 770~BC 221)는 춘추시대와 전국시대를 합친 말로서 중국 주(周, BC 1045~BC 221) 왕조가 도읍을 낙양 부근으로 옮긴 후부터 멸망할 때까지의 시기를 말한다. 주 왕조는 무왕(武王)에 의해 건국되었으며, 봉건제도를 실시한 중국의 고대 왕조이다. 무왕은 자신의 친족이나 공신들에게 영토를 나누어 주고 다스리게 하였다. 이것이 진(晋)·노(鲁)·위(卫)·오(吳)·송(宋) 등의 제후국이다. 그러나 이민족의 침입으로 인해 BC 770년에 주 왕조의 도읍을 호경(镐京, 지금의 서안西安 부근)에서 성주(成周, 지금의 낙양洛阳 부근)로 옮긴다. 이후 주 왕조의 힘이 약해져 제후국들 간의 잦은 전쟁이 발생했다. 이 때를 춘추시대라고 한다. 또한 BC 403년에 제후국 중 하나인 진(晋)이 한(韩)·위(魏)·조(赵)로 쪼개진 뒤의 시기를 전국시대라고 한다. 전국시대에는 주 왕조의 힘이 춘추시대보다 더욱 약해져 더 이상 제후국을 통제할 수 없었다. 마침내 주 왕조는 제후국 중 하나였던 진(秦, BC 221~BC 206)의 중국 통일과 함께 막을 내린다. '춘추'는 공자가 엮은 노(鲁)의 역사서인 『춘추(春秋)』에서 유래되었고, '전국'은 한(汉)의 유향(刘向)이 쓴 『전국책(战国策)』에서 유래되었다.

공자가 엮은 『춘추(春秋)』

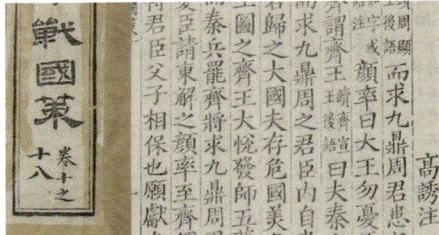

유향이 쓴 『전국책(战国策)』

'拔苗助长'이라는 말은 어디에서 왔을까?

'拔苗助长'은 『맹자(孟子)』의 「공손추상(公孙丑上)」에 등장하는 '揠苗助长'에서 나온 말이다. 『맹자』는 중국의 사서(四书: 논어·맹자·대학·중용) 가운데 하나로서 맹자(孟子, 본명 갱가孟轲)가 저술한 책이다. 맹자는 전국시대의 사상가였다. 그가 살았던 전국시대는 잦은 전쟁 등으로 혼란했기에 어떻게 살아갈 것이며, 어떻게 세상을 구제할 것인지에 대한 각종 사상이 등장했고, 다채로운 논쟁이 전개되었다. 이러한 이유로 제자백가(诸子百家)의 시대라고도 한다. 그 중에 맹자는 공자(孔子)의 사상을 추구했으며, 이를 더욱 발전시켰다. 그는 왕들이 인의(仁义)를 바탕으로 세상을 다스릴 것을 주장하며 여러 나라의 왕들을 만났다. 그러나 맹자의 사상은 받아들여지지 않았고 후에 고향으로 돌아와 제자들과 공자의 사상에 대해 토론했다. 그 결과 만들어진 책이 『맹자』이다.

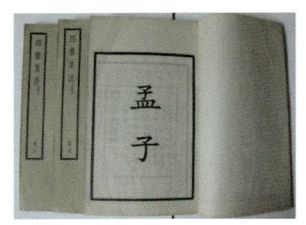

맹자가 저술한 『맹자(孟子)』

守株待兔
shǒu zhū dài tù

고지식하고 융통성 없이 요행만을 바라다

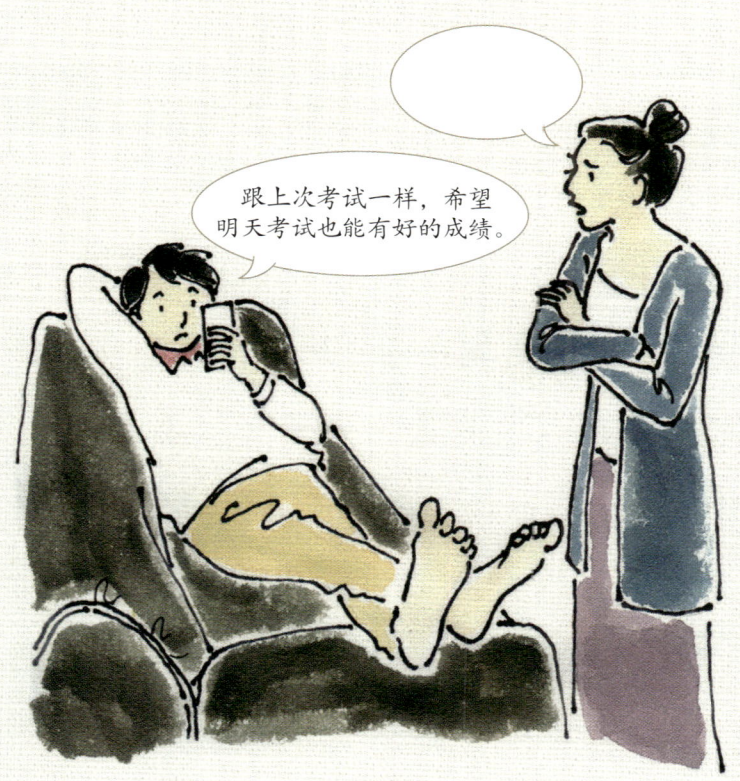

跟上次考试一样，希望明天考试也能有好的成绩。

들여다보기

- 위와 같은 상황에서 당신이 어머니라면 어떤 말을 할 수 있을까?
- 학생의 시험 결과는 어땠을까? 그렇게 생각한 이유는 무엇인가?

守株待兔

고지식하고 융통성 없이 요행만을 바라다

宋国有一个农夫，每天在田地里劳动。早上天一亮就起床，扛着锄头[1]往田里走，傍晚太阳快落山了，才扛着锄头回家。

有一天，这个农夫正在地里干活，突然有只野兔从草丛中窜了出来。野兔看到有人就拼命地跑，一下子撞到树桩上，折断脖子死了。农夫笑眯眯地放下手中的农活，走过去捡起死兔子。

晚上回到家，农夫把兔子交给妻子。妻子做了一锅香喷喷的野兔肉，两口子美美地吃了一顿。

第二天，农夫照旧到地里干活，可是他再也不像以前那么专心了。他干一会儿就朝草丛里看一看、

새 단어

- 劳动 láodòng 동 육체노동을 하다
- 扛 káng 동 (어깨에) 메다
- 锄头 chútou 명 괭이, 호미
- 傍晚 bàngwǎn 명 저녁 무렵
- 干活(儿) gànhuó(r) 동 일하다
- 草丛 cǎocóng 명 덤불, 잔숲
- 窜 cuàn 동 마구 뛰어다니다, 마구 달아나다
- 拼命 pīnmìng 동 기를 쓰다, 죽을힘을 다하다
- 树桩 shùzhuāng 명 나무의 그루터기
- 笑眯眯 xiàomīmī 형 눈을 가늘게 뜨고 미소짓는 모양
- 农活 nónghuó 명 농사일
- 捡 jiǎn 동 줍다
- 香喷喷 xiāngpēnpēn 형 구수하다, 향긋하다

听一听，希望再有一只兔子窜出来撞在树桩上。就这样，他心不在焉地干了一天活儿。直到天黑也没有看到兔子出来，他很失望地回家了。

第三天，农夫来到田边，他已经完全不想干活儿了。他把农具扔在一边，自己则坐在树桩旁边的田埂²⁾上，专门等野兔子窜出来。可是他又白白地等了一天。

照旧 zhàojiù 동 예전대로 따르다
再也 zàiyě 부 이제 더는, 더 이상은
专心 zhuānxīn 형 전심전력하다, 몰두하다
朝 cháo 개 ~을 향하여
心不在焉 xīnbúzàiyān 성 정신을 딴 데 팔다, 건성으로 하다
白白 báibái 부 공연히, 헛되이

始终 shǐzhōng 부 줄곧, 한결같이
庄稼 zhuāngjia 명 농작물
淹没 yānmò 동 파묻히다, 침몰되다
愚蠢 yúchǔn 형 어리석다, 우둔하다
一事无成 yíshì wúchéng 성 한 가지 일도 이루지 못하다
辛勤 xīnqín 형 부지런하다, 근면하다

农夫就这样每天守在树桩边，然而他始终没有再捡到兔子。他地里的野草却越长越高，把庄稼都淹没了。

这个愚蠢的农夫把一次偶然事件当作常有的现象和必然的规律，结果肯定是一事无成。这个故事也告诉人们天上掉馅饼3)的事情不可能常常出现，只有通过自己辛勤的劳动才会有收获。

분석하기

- 농부가 이틀째부터 풀숲을 쳐다보거나, 나무 옆에 앉아 있었던 이유는 무엇일까?
- 이 글의 주제는 무엇일까? '들여다보기'의 내용을 생각하며 친구와 말해보자.
- '守株待兔'와 같은 의미의 한국어 표현은 무엇일까?

찾아보기

1) 锄头 중국의 전통적인 농기구이다. 자루가 길고, 끝 부분에 평평한 날이 붙어 있다. 농작물을 수확하거나, 구덩이를 파고 덮는 등 다양한 작업에 사용되었다.

2) 田埂 밭두렁, 논두렁을 말한다. 밭과 밭의 경계가 된다.

3) 馅饼 밀가루 피 사이어 고기, 야채 등을 넣어 지지거나 쪄서 만드는 음식이다.

내공 쌓기

1. 早上天一亮就起床

一 … 就 …

- '一 … 就 …'는 어떤 동작이나 상황이 발생한 후 곧장 다른 동작이나 상황이 이어짐을 나타낸다. '~하자마자 ~하다', '~하기만 하면 ~하다'의 의미를 나타낸다.
  - 예) 我一看就知道他是很好的学生。 나는 그를 보자마자 매우 좋은 학생이라는 것을 알았다.
    他一喝酒就唱歌。 그는 술을 마시기만 하면 노래를 부른다.

2. 往田里走 / 朝草丛里看一看

- 往: 개사 '往'은 동작의 방향을 나타낸다. '往' 뒤의 빈어는 반드시 '上', '下', '里', '外', '前', '后' 등의 방위사가 있어야 한다.
- 朝: 개사 '朝'는 동작이 향하는 방향을 나타낸다. '朝' 뒤의 빈어는 방위사가 있을 수도 있고, 일반적인 명사일 수도 있다.
  - 예) 你往前走，右边有图书馆。 앞으로 가면, 오른쪽에 도서관이 있습니다.
    他朝我点点头。 그는 나를 향해 고개를 끄덕였다.

3. 野兔看到有人就拼命地跑

동사 + 결과보어(동사/형용사)

- 결과보어는 동작에 의해 발생한 결과를 나타낸다. 또는 동작자나 동작대상의 상태에 의한 결과를 나타낼 수도 있다.
  - 예) 她打开窗户，呼吸了新鲜的空气。 그녀는 창문을 열고, 신선한 공기를 마셨다.
    [开: 동작에 의해 발생한 결과]
    他疼哭了。 그는 아파서 울었다.
    [哭: 동작자의 상태에 의한 결과]

실력 점검하기

1. '守株待兔'와 같거나 비슷한 의미를 가진 것을 모두 찾아보자.

① 缘木求鱼 ② 安居乐业

③ 随机应变 ④ 好逸恶劳

2. 다음 대화를 읽고 빈칸에 알맞은 말을 찾아보자.

> A: 나 직장 그만뒀어.
> B: 뭐라고? 지금 직장을 그만두면 어디서 일하려고?
> A: 걱정 말아, 지난달에 산 복권이 3등에 당첨되었어. 계속 시도하면 1등에 당첨될 거야.
> B: _____

① 不要守株待兔，你应该每周买彩票。
② 不能守株待兔，如果你中了彩票，要存到银行。
③ 不能指望守株待兔，彩票中奖的几率可是很小。
④ 不要守株待兔，应该自己买彩票。

3. 문장의 빈칸에 알맞은 단어를 보기에서 골라 채워보자.

> **보기**　　拼命　　突然　　朝　　一事无成

(1) 妈妈_____我招手，我_____妈妈点头。

(2) 为了考上大学，我_____地学习。

(3) 如果你害怕失败，那么就将_____。

(4) 她跑着跑着_____停住了。

4. 빈칸에 알맞은 말을 보기에서 골라 대화를 완성해 보자.

> **보기**　　越…越…　　一…就…　　见到　　回到

[在路上]

光良　　您是金老师？好久不见，我是光良。

金老师　光良？很高兴在这儿(1)_____你，你不是去美国留学了吗？

光良　　我上周(2)_____中国，刚才在路上，我(3)_____看_____知道是您。

金老师　是吗？哈哈，你(4)_____长_____好看了。

光良　　哪里，哪里，你过奖了。金老师，我妈妈在那儿等我呢，下次再见了。

金老师　好，慢走。

 코너

달에 사는 토끼 전설

중국에는 달에 얽힌 여러 가지 전설이 있다. 어떤 전설에 따르면 달에 토끼가 살고 있다고 하고, 어떤 전설에 따르면 달에 두꺼비가 살고 있다고도 한다.

달에 사는 토끼 전설은 중국, 한국, 일본 등 동아시아 여러 국가에 퍼져 있다. 옥토끼(玉兔) 혹은 달토끼(月兔)라고 불리는 이 토끼는 달의 여신 상아(嫦娥)와 함께 달에 머무르고 있다. 중추절(中秋节, 추석)이 되면 환한 보름달 가운데에서 그 모습을 발견할 수 있는데, 양 손으로 절구를 찧고 있는 모습이다. 옥토끼는 절구로 무엇을 만들고 있을까? 전설에 따르면 상아를 위해 약초로 불로불사(不老不死)의 약을 만들고 있다고 한다. 북경 지역의 민담에서는 이 토끼가 종종 달에서 지상으로 내려와 말이나 호랑이를 탄 소녀의 모습으로 곤경에 처한 사람들을 돕는다고 한다. 이 때문일까, 한국과 마찬가지로 중국에서도 토끼를 재빠르고 영리한 동물로 여긴다. 劢如脱兔(행동이 민첩하다), 乌飞兔走(세월이 빠르게 흘러가다), 狡兔三窟(재난을 피할 방법이 다양하다) 등의 성어는 토끼에 대한 중국인들의 이미지를 담고 있다.

달에 사는 두꺼비?

중국에는 달에 관한 여러 가지 전설이 있다. 그중 달에 사는 두꺼비에 대한 것도 있다. 그렇다면 두꺼비는 어디서 등장한 것일까? 전한(前汉) 시대의 유안(刘安)이 쓴 『회남자(淮南子)』에서는 상아가 변하여 두꺼비가 되었다고 한다. 상아는 명궁(名弓)으로 유명한 예(羿)의 부인이었는데, 예가 곤륜산의 여신인 서왕모(西王母)로부터 불사약을 얻었다. 그런데 상아가 이를 훔쳐 달로 달아난 것이다. 달에 도착한 기쁨도 잠시, 상아는 곧 벌을 받아 두꺼비로 변해 버렸다.

掩耳盗铃
yǎn ěr dào líng

눈 가리고 아웅

들여다보기

위와 같은 상황에서 꿩은 왜 머리만 숨겼을까?

掩耳盗铃

눈 가리고 아웅

　　春秋[1)]末期，战争不断。有个小偷趁机跑到一户人家家里想偷点儿东西，他看见院子里吊着一口大钟。钟是用上等青铜做成的，造型和图案[2)]都很精美。小偷心里高兴极了，想把这口精美的大钟背回自己家去。可是钟又大又重，他连搬了几次，怎么也挪不动。想来想去，只有一个办法，那就是把钟敲碎，然后再一块一块搬回家。

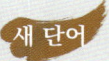 MP3 04-2

不断 búduàn 동 끊임없다
小偷 xiǎotōu 명 (좀)도둑
趁机 chènjī 부 기회를 틈타서
偷 tōu 동 훔치다, 도둑질하다
吊 diào 동 걸다, 매달다
上等 shàngděng 형 고급의
青铜 qīngtóng 명 동과 주석의 합금, 청동

造型 zàoxíng 명 조형, 형상
精美 jīngměi 형 정교하고 아름답다
挪 nuó 동 옮기다, 운반하다
敲 qiāo 동 치다, 두드리다
碎 suì 동 박살내다, 부수다
使劲 shǐjìn 동 힘을 쓰다
砸 zá 동 내리치다, 깨뜨리다

小偷找来一把大锤³⁾，使劲朝钟砸去，"咣"的一声巨响，把他吓了一大跳。小偷发慌了，心想：'这下糟了，这不等于是告诉人们我正在这里偷钟吗？'他心里一着急，身子一下子扑到了钟上。他张开双臂想捂住钟声，可钟声又怎么捂得住呢！

吓 xià 동 놀라게 하다
发慌 fāhuāng 동 허둥대다, 당황하다
糟 zāo 형 (일 또는 상황이) 나쁘다
等于 děngyú 동 ~와 같다
扑 pū 동 뛰어들다, (몸을) 던지다
张开 zhāngkāi 동 벌리다
捂 wǔ 동 막다, 밀폐하다

不由自主 bùyóu zìzhǔ 성 자기도 모르게
收回 shōuhuí 동 거두어들이다, 회수하다
妙 miào 형 좋다, 신기하다
蜂拥而至 fēngyōng'érzhì
벌 떼처럼 쇄도하다
捉 zhuō 동 포획하다, 체포하다
自欺欺人 zìqī qīrén 성 자기도 속이고 남도 속이다

他越听越害怕，不由自主地收回双手，使劲捂住自己的耳朵。"咦，钟声变小了，听不见了！"小偷高兴起来："妙极了！把耳朵捂住就听不到钟声了。"他立刻找来两块布，把耳朵堵住，心想：'这下谁也听不见钟声了。'于是放心地砸起钟来。钟声传到很远的地方，人们听到后蜂拥而至，把小偷捉住了。

"掩耳盗钟"后来被说成"掩耳盗铃"，这个成语常用来比喻愚蠢、自欺欺人的行为。

분석하기

- 도둑이 자신의 귀를 막은 이유는 무엇일까?
- 이 글의 주제는 무엇일까? '들여다보기'의 내용을 생각하며 친구와 말해보자.
- '掩耳盗铃'과 같은 의미의 한국어 표현은 무엇일까?

찾아보기

1) 春秋 중국의 춘추시대(春秋时代, BC 770~BC 476)를 말한다.
2) 图案 어떤 물건의 장식이나 문양을 말한다. 중국에서는 주로 용, 봉황 등 신화의 동물이나 불교, 도교 등의 종교적 요소가 가미된 도안을 많이 사용한다.
3) 锤 중국 고대 무기의 한 종류이다. 자루 끝에 박과 모양의 무거운 쇠가 달려있는데, 이를 추라고 부른다. 자루의 길이에 따라 구분할 수 있었는데, 자루와 추가 쇠사슬로 연결된 것도 있었다.

내공 쌓기

1. 钟又大又重

又+술어+又+술어

- '又+술어+又+술어'는 '~하기도 하고, ~하기도 하다'의 의미를 나타낸다. 두 개의 술어를 병렬하여 두 가지 동작이 함께 발생하거나 두 가지 상태가 동시에 존재함을 나타낸다.

  예) 安娜又喜欢唱歌又喜欢跳舞。
  안나는 노래 부르는 것을 좋아하고 또 춤추는 것을 좋아한다.
  今天月亮又圆又亮。오늘 달은 둥글고 밝다.

2. 想来想去

동사+来+동사+去

- '来'와 '去' 앞에 같은 동사를 사용하여 동작의 반복을 나타낸다.

  예) 天空中鸟儿飞来飞去。하늘에 새들이 이리저리 날아다닌다.
  他茫然地走来走去。그는 멍하니 왔다갔다 했다.

3. 小偷找来一把大锤

동사+来/去/上/下/进/出/回/过/起/开

- 동사 뒤에 '来', '去', '上', '下' 등을 사용해 동작의 방향을 나타낼 수 있다. 이를 단순방향보어라고 한다.

  예) 她买来一些东西。그녀가 물건을 사왔다.
  他向山上跑去。그는 산 위로 달려갔다.

- '来', '去'가 단순방향보어로 사용되었을 때, 동사의 빈어가 장소를 나타낸다면 빈어는 동사와 보어 사이에 위치해야 한다.

  예) 哥哥回办公室去了。형은 사무실로 돌아갔다.

실력 점검하기

1. '掩耳盜鈴'과 비슷한 의미를 가진 것을 찾아보자.

   ① 能说会道　　　　　　② 众所周知
   ③ 自欺欺人　　　　　　④ 画蛇添足

2. '掩耳盜鈴'의 교훈을 생각하면서 말풍선에 알맞지 <u>않은</u> 말을 찾아보자.

   ① 你这样做，跟掩耳盗铃没什么区别。
   ② 我认为这样掩耳盗铃就能骗别人。
   ③ 掩耳盗铃是一种自欺欺人的行为。
   ④ 你这种愚蠢的做法无疑是掩耳盗铃。

3. 문장의 빈칸에 알맞은 단어를 보기에서 골라 채워보자.

> **보기**　　使劲　　扑　　等于　　立刻

(1) 关爱别人＿＿＿＿关爱自己。

(2) 我＿＿＿＿扑向妈妈。

(3) 我听到老师叫我名字＿＿＿＿站起来。

(4) 一只狗突然向我＿＿＿＿来。

4. 빈칸에 알맞은 말을 보기에서 골라 대화를 완성해 보자.

> **보기**　　挪　　又…又…　　去　　碎

志玲　你什么时候回韩国(1)＿＿＿＿？

美英　三天后回国，啊，我还没收拾行李，你能不能帮我一下？

志玲　好，我来帮你的忙。

[房间里]

美英　这个花瓶(2)＿＿＿＿大＿＿＿＿重，我(3)＿＿＿＿不动。

志玲　花瓶是容易(4)＿＿＿＿的，别带了，就扔掉吧。

美英　好的。

중국의 사대 정원

서양의 정원은 건축물을 꾸며주는 장식 같은 느낌이 강하지만, 중국의 정원은 자연 경관을 살리는 정원이 먼저고 건축물은 정원 경관을 살리기 위해 존재하는 느낌이 강하다. 중국의 유명한 정원 네 가지를 꼽으라면 북경(北京)의 이화원(頤和园), 하북성(河北省) 승덕시(承德市)의 피서산장(避暑山庄), 강소성(江苏省) 소주시(苏州市)의 졸정원(拙政园)과 유원(留园)을 들 수 있다.

이화원: 12세기 초에 처음 조성되었다가 1750년 청나라 건륭제(乾隆帝)에 의해 확장된 황실의 여름 별궁으로 아편전쟁에 의해 파손된 것을 1886년에 다시 복구하였다. 이화원은 복구 작업 후에 붙은 이름이며, 서태후(西太后)가 이곳을 대우 좋아하였다고 한다. 총 면적이 2.9㎢에 이르며, 내부의 만수산(万寿山)과 곤명호(昆明湖)가 유명하다. 1998년에 유네스코 세계문화유산으로 등재되었다.

피서산장: 1703년 청나라 강희제(姜熙齐) 때 공사를 시작하여 89년만인 1792년에 완공된 청나라 황실의 여름 별궁이었다. 주변에는 12개의 라마교 사원이 있으며, 건축물과 자연경관이 조화롭기로 유명하다. 총 면적은 5.6㎢이며, 1994년에 유네스코 세계문화유산으로 등재되었다.

졸정원: 명나라 때 왕헌신(王献巨)이라는 사람이 낙향하여 조성했다고 전해지는 개인 정원이다. 전체 면적은 51,950㎡에 달하며, 호수가 전체 면적의 반 이상을 차지한다. 정원 곳곳에 있는 조형물과 자연 괴석, 누각 등이 호수와 조화를 이룬다. 동원, 서원, 중원의 세 부분으로 나누어지며, 중원이 가장 유명하다. 1997년에 유네스코 세계문화유산으로 등재되었다.

유원: 1525년 서시태(徐时泰)가 처음 만들었고, 1794년 청나라 때 유서(刘恕)가 이를 사들여 확장하였다. 당시 명칭은 한벽산장(寒碧山庄)이었는데, 유 씨의 정원이라는 뜻으로, 유원(刘园)으로 더 많이 불렸다.

다. 이후 19세기 말에 정원이 더 확장되며 지금의 모습이 되었다. 정원은 중구, 서구, 동구, 북구의 4개 경구(景区)로 나누어지는데, 각 구역이 모두 독특한 경관을 담고 있다. 또한 각 구역을 잇는 회랑의 벽면에는 중국 역대 명문이나 명필의 서첩이 새겨져 있다. 1997년에 유네스코 세계문화유산으로 등재되었다.

半途而废
bàn tú ér fèi

가다가 포기하면 아니 감만 못하다

들여다보기

위 그림에서 두 과학자의 차이는 무엇일까?

半途而废
가다가 포기하면 아니 감만 못하다

东汉¹⁾时，有一位贤慧的女子，人们不知道她叫什么名字，只知道她是乐羊子的妻子。

一天，乐羊子在路上捡到一块金子，回家后把它交给了妻子。妻子说："我听说有志向的人不喝盗泉的水，因为它的名字不好听；也不吃别人扔过来的食物，宁可挨饿。捡别人丢失的东西就更不用说了，这样做会损坏名声。"乐羊子听了妻子的话，非常惭愧，就把那块金子扔了，然后到远方求学去了。

새 단어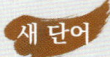

贤慧 xiánhuì 형 어질고 촌명하다
金子 jīnzi 명 금
志向 zhìxiàng 명 지향, 포부
盗 dào 동 훔치다, 도둑질하다
泉 quán 명 샘, 샘물
食物 shíwù 명 음식물
宁可 nìngkě 부 차라리 (~이 낫다)

挨饿 ái'è 동 굶주리다, 배곯다
丢失 diūshī 동 잃다, 잃어버리다
损坏 sǔnhuài 동 손상시키다, 훼손시키다
名声 míngshēng 명 명성
惭愧 cánkuì 형 부끄럽다, 창피하다
远方 yuǎnfāng 명 먼 곳
求学 qiúxué 동 학문을 탐구하다

一年后，乐羊子回来了。妻子问他为什么回家，乐羊子说："出门时间长了很想家。"妻子听完，拿起一把刀走到织布机²⁾前说："这机上的绢帛是用蚕茧³⁾织成的。一根丝一根丝地积累起来，才有一寸长；一寸寸地积累下去，才有一丈、一匹。

织布机 zhībùjī 명 베틀, 직기
绢帛 juànbó 얇은 비단
蚕茧 cánjiǎn 명 누에고치
织 zhī 동 (직물을) 짜다
根 gēn 양 가닥[가늘고 긴 것을 세는 단위]
积累 jīlěi 동 (조금씩) 쌓이다, 축적되다
寸 cùn 양 촌[길이의 단위, 약 3.33cm]

丈 zhàng 양 장[길이의 단위, 약 3.33m]
匹 pǐ 양 필[비단, 천 등의 길이 단위]
割断 gēduàn 동 자르다, 끊다
浪费 làngfèi 동 낭비하다, 허비하다
学问 xuéwen 명 학식, 지식
打动 dǎdòng 동 감동시키다
一连 yìlián 부 연이어, 계속해서

今天如果我把它割断，以前花的工夫也就白白浪费了。读书也是这样，你每天学习新的知识并一天天地把它们积累起来，变成你自己的学问。如果半路停下来，和割断丝有什么两样呢？"

乐羊子被妻子说的话深深打动了，于是又回去继续学习，一连七年都没有回过家。

분석하기

- 乐羊子의 부인은 왜 1년 만에 돌아온 남편을 반기지 않았을까?
- 이 글의 주제는 무엇일까? '들여다보기'의 내용을 생각하며 친구와 말해보자.
- '半途而废'와 같은 의미의 한국어 표현은 무엇일까?

찾아보기

1) 东汉(AD 25~AD 220) 서한(西汉)의 뒤를 이어 광무제(光武帝) 유수(刘秀)가 세운 나라이다. 수도는 낙양(洛阳)이었다.
2) 织布机 베틀. 명주 므시, 무명 등을 짜는 틀이다.
3) 蚕茧 누에가 실을 트혜 자기 몸을 감싸서 만든 집이다. 명주실의 원료이다.

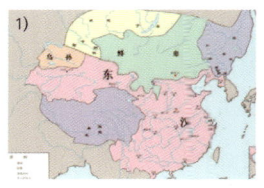  

내공 쌓기

1. 不吃别人扔过来的食物

동사 + 上/下/进/出/回/过/起/开 + 来/去

- 동사 뒤에 '上/下/进/出/回/过/ … + 来/去'를 붙여 동작의 방향을 나타낼 수 있다. 이를 복합방향보어라고 한다.

  예) 她跑过来了。 그녀가 뛰어왔다.
  河水从山上流下来。 강물은 산 위에서 흘러 내려온다.

- 복합방향보어를 사용할 때 동사의 빈어가 장소를 나타낸다면, 빈어는 '来'나 '去' 앞에 위치해야 한다.

  예) 学生们一起走进教室里去了。 학생들은 함께 교실 안으로 들어갔다.
  她跑进办公室来了。 그녀는 사무실로 뛰어 들어왔다.

2. 一根丝一根丝地积累起来 / 一寸寸地积累下去

- 수사나 양사뿐만 아니라 수량구도 중첩할 수 있다. 수량구의 중첩은 개체가 하나하나 모여 있는 상태나 동작이 연속적으로 발생하는 모습을 묘사한다.

  예) 桌子上摆着一盘一盘的水果。 책상 위에 쟁반마다 과일이 놓여 있다.
  她给他们一个一个地献花。 그녀는 그들에게 한 명 한 명 꽃을 바쳤다.

3. 和割断丝有什么两样呢?

有什么 … 吗/呢?

- '有什么'를 사용한 반어문은 문장이 긍정 형식이면 부정의 의미를 나타내고, 문장이 부정 형식이면 긍정의 의미를 나타낸다.

  예) 这件事有什么难办吗? 이 일이 뭐가 하기 어렵다는 거야?
  她说的这句话有什么不公道呢? 그녀의 말에 틀린 것이 뭐가 있어?

실력 점검하기

1. '半途而废'와 같거나 비슷한 의미를 가진 것을 모두 찾아보자.

① 有始无终　　　　　　　② 坚持不懈

③ 知难而进　　　　　　　④ 半途而返

2. '半途而废'의 교훈을 생각하면서 말풍선에 알맞지 <u>않은</u> 말을 찾아보자.

① 应该有始有终，不应该半途而废。

② 你一定要坚持运动，不能半途而废。

③ 你这样做，跟半途而废有什么区别呢?

④ 我认为这样半途而废就是骗自己的。

3. 문장의 빈칸에 알맞은 단어를 보기에서 골라 채워보자.

> **보기**　　损坏　　积累　　一连　　扔

(1) 他在美国工作没多久，但是＿＿＿＿＿＿＿了不少经验。

(2) 我不是故意＿＿＿＿＿＿＿你的东西。

(3) ＿＿＿＿＿＿＿下了几天雨，终于放晴了。

(4) 请你把这些坏了的蛋＿＿＿＿＿＿＿到垃圾箱里。

4. 빈칸에 알맞은 말을 보기에서 골라 대화를 완성해 보자.

> **보기**　　宁可　　有什么　　下去　　起来

[08:00 黎明的房间]

黎明　今天又下雪了。

妈妈　天气预报说，下雪天可能继续(1)＿＿＿＿＿＿＿到这个周末。

黎明　怎么办啊？ 我还得上学呢？

妈妈　下雪天路滑，你今天坐地铁去学校吧，为了安全，
　　　(2)＿＿＿＿＿＿＿绕点路坐地铁，也不能坐汽车。

黎明　坐汽车(3)＿＿＿＿＿＿＿不安全呢？ 雪下得也不大，
　　　路上看(4)＿＿＿＿＿＿＿也不是很滑。

妈妈　好的，你注意安全。

중국의 비단과 실크로드

전설에 따르면 비단은 5,000년 전 황제(皇帝)의 부인 누조(嫘祖)에 의해 처음 만들어졌다고 한다. 이후 중국인들이 만든 비단은 세계적인 명품으로 통하며 유럽까지 수출되었는데, 이 때문에 로마인들은 중국인을 세레스(Seres, 비단을 만드는 사람), 중국을 세리카(Serica, 비단을 만드는 나라)라고 불렀다. 그렇다면 중국에서 만든 비단이 어떻게 멀리 유럽까지 수출될 수 있었을까?

중국의 비단 수출은 주로 비단길(Silk Road)을 통해 이루어졌다. 비단길은 중국 중원(中原) 지방에서 시작하여 하서회랑(河西回廊)을 가로지른다. 이후 타클라마칸 사막(Taklamakan Desert) 남쪽과 북쪽의 가장자리를 따라 파미르(Pamir) 고원, 중앙아시아 초원, 이란 고원을 지나 지중해에 이르는 길이다.

비단길은 한나라 무제(武帝) 때 장건(張騫)에 의해 개척되었다. 장건은 무제로부터 서역으로 가서 외교활동을 하라는 임무를 받고 BC 139년에 수도 장안을 떠나 서쪽으로 향했다. 하지만 중간에 흉노(匈奴)에게 붙잡혀 10년간 포로로 생활하다가 간신히 탈출하여 서역에 도착한다. 서역에 도착하여 외교활동을 시작했지만, 시간이 너무 많이 흘러 임무에 실패했고, 장건은 13년만에 장안으로 돌아올 수 있었다. 무제는 장건의 이야기를 듣고 서역에 흥미를 가지게 되었다. 이후 장건의 여행로를 따라 사신들을 파견하고 서역 각국과의 교류를 시작했는데, 이것이 비단길의 시작이었다.

비단길을 통해 유럽으로 건너간 중국의 비단은 그곳 귀족들에게 값비싸게 팔리며 이른바 '명품'으로 취급받았다. 비단뿐만 아니라 중국의 칠기나 도자기, 화약 기술이나 제지 기술도 수출되었는데, 특히 중국의 제지 기술은 서역으로 건너가 중서 유럽의 인쇄술을 발달시키고 지식 보급의 원동력이 되었다. 이처럼 비단길은 단순한 상업로를 넘어 동서양의 문화 교류 통로로서 역사적으로 큰 역할을 담당했다.

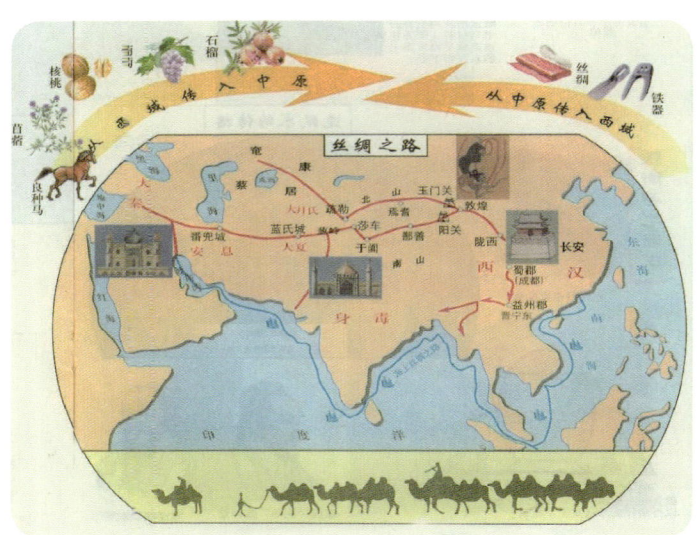

孟姜女哭长城
Mèngjiāngnǚ kū Chángchéng

맹강녀의 눈물로 무너진 만리장성

들여다보기

중국의 만리장성은 어떻게 만들어 졌을까? 만리장성과 관계된 민담이나 전설을 찾아 친구와 함께 이야기해 보자.

孟姜女哭长城
맹강녀의 눈물로 무너진 만리장성

　　秦朝¹⁾的时候，有一户姓孟的人家，种了一棵瓜苗，瓜秧顺着墙爬到邻居姜家结了一个瓜。瓜熟了，一边在孟家，一边在姜家，所以两家人就把瓜剖开，一看，里面有个又白又胖的小姑娘，于是就给她起了个名字叫孟姜女。孟姜女长大后，美丽聪明，大家都很喜欢她。

　　这时候，秦始皇²⁾开始到处抓壮丁修长城³⁾。有一个叫范喜良的读书人从家里逃了出来。他口很渴，想找点水喝，忽然听见人的喊声和马的叫声，原来这里正在抓人呢！

새 단어

瓜 guā 명 박과 식물의 통칭
瓜秧 guāyāng 명 (박과 식물의) 덩굴, 줄기
墙 qiáng 명 담장, 벽, 울타리
邻居 línjū 명 이웃, 이웃집
结 jiē 동 열매를 맺다, (열매가) 열리다
熟 shú 형 (과일 등이) 익다, 여물다
剖 pōu 동 쪼개다, 가르다

到处 dàochù 명 도처, 곳곳
抓 zhuā 동 붙잡다
壮丁 zhuàngdīng 명 장정
修 xiū 동 건설하다, 보수하다
逃 táo 동 도망치다, 피하다
渴 kě 형 목마르다, 갈증나다
忽然 hūrán 부 갑자기, 돌연

他来不及跑，就翻过了旁边的一堵矮墙。原来这墙后面就是孟家的后花园。这时候，孟姜女正在花园里散步，忽然看见范喜良，她刚想喊，范喜良急忙说："小姐，别喊！我是逃难的，救救我吧！"

孟姜女一看，范喜良是个读书人的样子，长得很英俊，对他一见钟情。后来两人结婚了。结婚还不到三天，突然闯进来一伙官兵，把范喜良抓去修长城了。

孟姜女每天盼着丈夫回来，可是过了一年，连一封信都没有。孟姜女很担心，她连续几个晚上不睡觉为丈夫做衣服，决定亲自去长城找丈夫。

喊 hǎn 동 외치다, 소리치다
来不及 láibují 동 (시간이 부족하여) 돌볼 틈이 없다, 미처 ~(하지) 못하다
翻 fān 동 넘다, 넘어가다, 건너다
堵 dǔ 양 담장을 세는 단위
急忙 jímáng 부 급히, 황급히
逃难 táonàn 동 피난하다

英俊 yīngjùn 형 말쑥하다, 잘생기다
一见钟情 yíjiànzhōngqíng 성 첫눈에 반하다
闯 chuǎng 동 갑자기 뛰어들다
伙 huǒ 양 떼, 무리, 패
官兵 guānbīng 명 관병, 관군
亲自 qīnzì 부 직접, 손수
行李 xíngli 명 여행짐, 수하물

她整理好行李，告别了父母，一直往北走，饿了，就吃几口馒头；渴了，就喝路边的溪水。

一路上，不管经历多少艰难困苦，孟姜女都没有掉一滴眼泪。终于，靠着顽强的毅力和对丈夫深深的爱，她来到了长城。这时的长城已经修得很长很长了。孟姜女到处找，却始终不见丈夫的踪影。最后，她向人打听："你们这儿有个叫范喜良的人吗？"那人说："嗯，是有这么个人。"孟姜女一听，开心极了！她连忙问："你知道他在哪儿吗？"那人叹了一口气："唉，已经死了！死的人太多，埋不过来，尸体都被填到长城里了！"

새 단어

告别 gàobié 동 작별 인사를 하다
溪水 xīshuǐ 명 시냇물, 개울물
经历 jīnglì 동 겪다, 경험하다
艰难困苦 jiānnán kùnkǔ 어려움과 고생
掉 diào 동 떨어뜨리다, 떨구다
滴 dī 양 방울[둥글게 맺힌 액체 덩이를 세는 단위]
眼泪 yǎnlèi 명 눈물

靠 kào 동 기대다
顽强 wánqiáng 형 완강하다, 억세다
毅力 yìlì 명 굳센 의지, 완강한 의지
却 què 부 뜻밖에, 의외로
踪影 zōngyǐng 명 행적, 종적
打听 dǎting 동 물어보다
连忙 liánmáng 부 얼른, 급히

听到这个噩耗,孟姜女眼前一黑,一阵心酸,大哭起来,整整哭了三天三夜。最后,连天地都感动了。天越来越阴沉,风越来越猛烈,只听"哗啦"一声,一段长城被哭倒了,露出来的正是范喜良的尸体。

叹 tàn 동 한숨 쉬다, 한탄하다
一口气 yìkǒuqì 명 한숨
埋 mái 동 덮다, 묻다
尸体 shītǐ 명 시체
填 tián 동 메우다, 채우다
噩耗 èhào 명 부음, 부고, 불길한 소식
一阵 yízhèn 명 한바탕

心酸 xīnsuān 형 마음이 쓰리다, 비통하다
阴沉 yīnchén 형 어둡다, 음침하다
猛烈 měngliè 형 맹렬하다, 세차다
哗啦 huālā 와르르[건물이 붕괴될 때 나는 소리]
露出 lùchū 동 드러내다, 노출시키다
献出 xiànchū 동 바치다
流传 liúchuán 동 대대로 전해 내려오다

孟姜女的眼泪滴在了他的脸上，她终于见到了自己心爱的丈夫，但他却再也看不到她了。

为了修长城，成千上万的百姓献出了生命，孟姜女哭倒长城的故事也一代一代地流传下来。

분석하기

- 맹강녀는 왜 남편을 찾아 길을 떠났는가?
- 맹강녀는 왜 남편이 있는 곳에 당도하여 사흘 밤낮을 울었는가?
- 맹강녀 이야기가 주는 교훈은 무엇일까?

찾아보기

1) 秦朝(BC 221~BC 207) 진시황이 역사상 최초로 중국을 통일한 후 세운 왕조이다. 진왕(秦王) 영자영(嬴子婴)이 우방(刘邦)에게 항복함으로써 멸망했다.

2) 秦始皇(BC 259~BC 210) 중국을 처음으로 통일한 진나라의 황제이다. 성은 영(嬴) 이름은 정(政)이다.

3) 长城 북쪽에 사는 흉노족의 침입을 막기 위해 진나라의 시황제가 쌓은 산성이다. 이후 명나라, 청나라를 거치며 증축과 보수가 이루어져 지금과 같은 모습이 되었다.

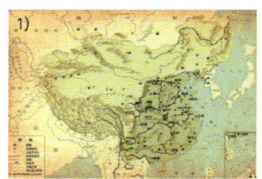  

내공 쌓기

1. 两家人就把瓜剖开

주어 + 把 + 빈어(동작의 대상) **+ 술어**(동사) **+ 기타성분**(대상이 처리된 결과)

- 개사 '把'를 사용하여 처리의 의미를 나타내는 문장을 '把' 자문 혹은 처리문이라고 한다. 이때 '把'의 뒤에 오는 빈어가 처리의 대상이며, 전체 문장의 술어가 되는 동사 뒤에는 반드시 대상이 처리된 결과를 나타내는 기타성분이 있어야 한다. 기타성븐으로는 동사의 중첩, 보어, '了' 등이 올 수 있다.

  예) 我把窗户打开了。 나는 창문을 열었다.
  妈妈把我房间整理好了。 엄마가 내 방을 정리했다.

2. 连一封信都没有

连 … 也/都

- '连 … 也/都'는 '~조차도 ~하다', '심지어 ~하다'의 의미로, '连'은 개사이다. 뒤에 '不'나 '没'가 오면 '~조차도 ~하지 못 한다', '심지어 ~도 없다'의 의미가 된다.

  예) 今天的比赛连六七十岁的老人都来了。
  오늘의 경기는 육칠십 세 되는 노인들도 모두 왔다.
  他连一个汉字也不知道，怎么会写呢？
  그는 한자를 한 글자조차도 모르는데, 어떻게 쓰겠는가?

3. 他却再也看不到她了

동사 + 得/不 + 보어

- 동사 뒤에 쓰여 동작의 가능과 불가능을 나타내는 보어를 가능보어라고 한다. 긍정형은 '~할 수 있다'의 의미이며, 동사와 보어 사이에 '得'를 쓴다. 부정형은 '~할 수 없다'의 의미이며, 동사와 보어 사이에 '不'를 쓴다.

  예) 我的话你们听得懂吗？ 여러분 제 말을 알아들을 수 있겠습니까?
  我只学了几个月英语，看不懂英文报。
  나는 영어를 고작 몇 개월 배웠을 뿐이라서, 영어 신문을 보아도 이해할 수 없다.

실력 점검하기

1. 본문의 줄거리에 맞게 다음 문장을 순서대로 배열해 보자.

① 孟姜女连哭了三天，最后一段长城突然倒了。
② 范喜良正在逃亡之中，在花园里和孟姜女见面。
③ 孟姜女去长城找她的丈夫，可是他已经死了。
④ 官兵把范喜良抓去修长城了。

( ) → ( ) → ( ) → ( )

2. 다음 문장에 끊어 읽기 표시(//)를 하고, 여러 번 읽어보자.

秦朝的时候，有一户姓孟的人家，种了一棵瓜苗，瓜秧顺着墙爬到邻居姜家结了一个瓜。

这时候，秦始皇开始到处抓壮丁修长城。有一个叫范喜良的读书人从家里逃了出来。

3. 문장의 빈칸에 알맞은 단어를 보기에서 골라 채워보자.

> 보기   到处   亲自   靠   翻

(1) 这件事你是做错了，你要＿＿＿＿去找他道歉。

(2) 我一点儿劲儿也没有，只能身子＿＿＿＿着墙。

(3) ＿＿＿＿过这座山就到我老家。

(4) 春天到了，路边＿＿＿＿都是花儿。

4. 빈칸에 알맞은 말을 보기에서 골라 대화를 완성해 보자.

> 보기   连   把   不   来不及

刘欢　你在做老师留的作业吗？马上就要上课了。

吉杰　是啊，我还有一道题没做，看来(1)＿＿＿＿做了。
　　　太难了，(2)＿＿＿＿思路都没有，你呢？

刘欢　我已经(3)＿＿＿＿作业做好交给老师了，你觉得哪道题最难？

吉杰　对我来说练习题三特别难，即使我绞尽脑汁也想(4)＿＿＿＿出来。

刘欢　咱们一起做吧，我帮你看看。

吉杰　谢谢你。

진시황과 만리장성

최초로 중국을 통일했으며, 불로불사를 꿈꾸던 황제로만 알려져 있는 진시황은 토지제도를 재정비했으며, 법에 의해 나라를 다스리는 법치주의를 내세웠고, 어지러웠던 화폐와 문자를 통일했다. 그리고 만리장성을 세웠는데, 진시황이 세운 이 만리장성에 대해 알아보자.

진나라 때의 만리장성

모두 합치면 약 6,300km나 된다는 만리장성은 1987년 유네스코 세계문화유산에 등재된 중국의 명물이다. 그런데 흔히 알려진 바와 같이 진시황이 만리장성을 만들었다는 말은 반은 맞고 반은 틀렸다. 사실 진시황이 중국을 통일하기 전인 춘추시대부터 부분적으로 성벽이 건축되기 시작했으며, 진시황은 이 성벽들을 연결하고 증축한 것이다. 이때 건축된 만리장성은 지금보다 북쪽에 지어졌으며, 현재는 대부분 파괴되어 흔적들만 남아 있다.

지금 우리가 알고 있는 위치에 만리장성이 세워진 시기는 6세기 북제(北齊) 시대이다. 이때 산서성(山西省)부터 발해만(渤海灣)까지 약 1,500km 길이의 성이 만들어졌다. 시간이 흘러 명나라가 세워지고, 명나라 최초의 황제 주원장(朱元璋)이 북방의 침입에 대비하여 다시 공사를 시작했다. 15~16세기에 대대적인 장성 공사가 진행된 결과 지금과 거의 비슷한 모습의 만리장성이 만들어졌다. 이후 명나라가 멸망하고 만주족에 의해 세워진 청나라가 중국을 지배할 때는 방치되어 있다가 중화인민공화국 때 관광을 목적으로 보수되어 오늘날 우리가 중국에 가면 볼 수 있는 만리장성이 만들어지게 된 것이다.

명나라 때의 만리장성

현재 만리장성의 일부 모습

"年"与春节的传说
'nián' yǔ chūnjié de chuánshuō

'연' 괴수와 구정의 유래

들여다보기

중국인들은 춘절에 왜 폭죽을 터뜨리거나 붉은 대련을 붙일까?

"年"与春节的传说

'연' 괴수와 구정의 유래

春节[1]是农历[2]新年的开始，也是中国的传统节日。"过春节"又叫做"过年"。"年"是什么呢？传说中，年是一种给人们带来坏运气的怪兽。它头上长着角，住在海底，每年的最后一天爬上岸，伤害百姓。村民们都非常害怕，就一起逃到山里。

새 단어

农历 nónglì 음력
新年 xīnnián 신년, 새해
传统 chuántǒng 전통
节日 jiérì 명절, 기념일
过 guò (시점을) 지내다, 보내다
传说 chuánshuō 전설
运气 yùnqi 운, 운수

怪兽 guàishòu 괴수
角 jiǎo (짐승의) 뿔
海底 hǎidǐ 해저
岸 àn 물가, 해안
伤害 shānghài 해치다
村民 cūnmín 마을 주민, 촌민
百姓 bǎixìng 백성

有一年，<mark>村民们正在逃难</mark>，从村外来了一个乞讨的老人。村里一位好心的老婆婆给了他一些食物，然后对他说："'年'兽快来了，你跟我们一起上山去躲一躲吧。"那老人摸了摸胡子，笑着说："老婆婆，如果<mark>让我在您家住一晚</mark>，我一定把'年'兽赶走。"老婆婆同意了。

　　半夜，"年"兽果然闯进了村。但是，它发现村里的气氛与以前不同了：老婆婆家的门上贴着大红纸，屋里被烛光照得很亮。"年"兽大吼了一声，朝老婆婆家扑了过去。

乞讨 qǐtǎo 동 구걸하다
躲 duǒ 동 피하다, 숨다
摸 mō 동 어루만지다, 쓰다듬다
胡子 húzi 명 수염
赶走 gǎnzǒu 동 쫓아내다, 내쫓다
同意 tóngyì 동 허락하다, 승인하다
半夜 bànyè 명 한밤중, 심야

果然 guǒrán 부 아니나 다를까, 생각한대로
闯进 chuǎngjìn 동 뛰어들다
气氛 qìfēn 명 분위기
贴 tiē 동 붙이다
烛光 zhúguāng 명 촛불의 빛
吼 hǒu 동 (맹수가) 울부짖다, 포효하다
快要 kuàiyào 부 곧, 머지않아

快要到门口时，院子里突然传来"噼噼啪啪"的响声，"年"兽吓得不敢往前走了。原来，"年"最怕红色、火光和爆炸的声音了。这时，老婆婆家的门开了，一位穿着红袍³⁾的老人大笑着走了出来。"年"被吓得逃回了海底。

새 단어

噼噼啪啪 pīpī pāpā 탁탁, 펑펑[폭죽이 터지는 소리]

响声 xiǎngshēng 명 소리

爆炸 bàozhà 명 폭발

袍 páo 명 두루마기, 중국식의 긴 옷

破坏 pòhuài 동 파괴하다

惊讶 jīngyà 형 놀랍다

堆 duī 양 무더기, 더미

烧 shāo 동 태우다

竹子 zhúzi 명 대나무

仍在 réngzài 아직도 ~중이다

发出 fāchū 동 (소리 등을) 내다

蜡烛 làzhú 명 초, 양초

神秘 shénmì 형 신비하다

第二天，人们从山上回来，看到村子没有被破坏，感到很惊讶。老婆婆看到自己家的门上贴着红纸，院里一堆没有烧完的竹子仍在发出"啪啪"的响声，几根红蜡烛还有火光，这才想起那个神秘的老人。这件事很快在民间传开了，人们都知道了赶走"年"兽的办法。

民间 mínjiān 명 민간, 백성 사이
传开 chuánkāi 동 (사방에) 퍼지다, 널리 전해지다
从此 cóngcǐ 부 (시간이나 장소에 쓰여) 이로부터
对联 duìlián 명 대련
放鞭炮 fàng biānpào 폭죽을 터뜨리다
灯火 dēnghuǒ 명 등불
通明 tōngmíng 형 매우 밝다, 아주 환하다
送走 sòngzǒu 동 보내다, 배웅하다

从此，每年春节，家家贴红对联⁴⁾、放鞭炮、灯火通明，等待新年第一天的到来。也因为这个传说，"过春节"又叫"过年"，就是把"年"兽送走的意思。

분석하기

- 마을 사람들은 왜 산으로 도망갔을까?
- '年'은 왜 할머니네 집에서 도망갔을까?
- '年'이 도망간 이후 어떤 풍습이 생겼는가?
- 중국인들은 왜 '过春节'를 '过年'이라고 말할까?

찾아보기

1) 春节 중국 전통명절로 음력 정월 초하루를 말한다.
2) 农历 달의 차고 기움을 기준으로 삼은 역법이며 음력(阴历)이라고도 한다. 한 달을 29일과 30일로 번갈아 나누거 한 해가 354일이 된다.
3) 袍 중국의 전통 의복이다. 무릎 아래까지 내려오는 겉옷으로서 남녀 구분 없이 입을 수 있었다.
4) 对联 종이나 널빤지에 글을 써서 문이나 집 입구 양쪽에 붙이거나 걸어 놓은 것을 말한다.

3)

4)

내공 쌓기

1. 村民们正在逃难

正/在/正在 + 동사 (+ 呢)

- 동사 앞에 시간부사 '正', '在', '正在'를 붙여 동작의 진행을 나타낼 수 있다. '正'을 사용할 때는 문장 끝에 '呢'를 붙여야 한다. 반면 '在', '正在'는 붙여도 되고 붙이지 않아도 된다.

    예) 外边正在下雨(呢)。 밖에 비가 내리고 있다.
    我正看书呢。 나는 책을 읽고 있다.

2. 让我在您家住一晚

주어 + 让 + 빈어¹ + 술어 (+ 빈어²)

- 사역동사 '让'은 '~하게 하다', '~하도록 시키다'라는 의미를 나타낸다. 즉 주어가 빈어¹로 하여금 어떤 행동을 하게 하거나 어떤 감정을 표현하도록 하는데 쓰인다.

    예) 这件事让我很头疼。 이 일은 나를 골치 아프게 한다.
    奶奶让孙女唱歌。 할머니는 손녀에게 노래를 시켰다.

3. "年"被吓得逃回了海底

주어(대상) + 被 + 빈어(행위자) + 동사(동작) + 기타성분(동작의 결과)

- 개사 '被'를 사용하여 피동의 의미를 나타내는 문장을 '被' 자문이라고 한다. 이때 '被'의 뒤에 오는 빈어가 행위자이며, 문장의 주어는 동작 행위의 대상이다. '被' 뒤에 오는 빈어는 생략될 수 있다. '被' 자문에서는 반드시 동사 뒤에 동태조사 '了', '着', '过'나 보어 등 동작의 결과나 영향을 설명하는 기타성분을 붙여야 한다.

    예) 那本书被我朋友借走了。 그 책은 내 친구가 빌려갔다.
    衣服被我妹妹弄脏了。 옷이 여동생에 의해 지저분해졌다.

실력 점검하기

1. 본문의 줄거리에 맞게 다음 문장을 순서대로 배열해 보자.

① 从此以后，人们贴红对联、放鞭炮、灯火通明地欢迎新年。

② 老婆婆给了乞讨的老人一些食物，老人说要帮老婆婆把"年"赶走。

③ 村民们都害怕"年"，就一起逃到山里。

④ "年"被红色的对联和爆炸的声音吓得逃回了海底。

(　　) → (　　) → (　　) → (　　)

2. 다음 문장에 끊어 읽기 표시(//)를 하고 여러 번 읽어보자.

> 村里一位好心的老婆婆给了他一些食物，然后对他说："'年'兽快来了，你跟我们一起上山去躲一躲吧。"

> 第二天，人们从山上回来，看到村子没有被破坏，感到很惊讶。

3. 문장의 빈칸에 알맞은 단어를 보기에서 골라 채워보자.

> 보기   摸   赶走   躲   灯火通明

(1) 入夜了，首尔街上_____。

(2) 我有点儿发烧，爷爷_____着我的头说"有点儿热，去医院吧！"。

(3) 爸爸生气了，我_____在房间里不出来。

(4) 我看见他偷了东西，把他从商店里_____了。

4. 빈칸에 알맞은 말을 보기에서 골라 대화를 완성해 보자.

> 보기   被   快要   让   正在

美英 你忙不忙？可以帮我去图书馆还书吗？

黎明 我很忙，(1)_____修电脑呢。

美英 怎么了？昨天电脑还没问题。

黎明 今天弟弟用我电脑，电脑(2)_____弟弟弄坏了，稍等一会儿，

　　　(3)_____修好了。

美英 你应该(4)_____他给你修，他要有责任感。

黎明 是啊，我得跟他好好儿谈一谈了。

중국 최대의 명절, 춘절(春节)

　춘절은 중국의 가장 큰 명절로 음력 정월 초하룻날을 말한다. 한국의 설날과 같은데 원래는 한 해의 가장 첫 번째 날을 의미하는 원단(元旦) 또는 원일(元日)이라고 불렸다. 그러나 중국이 신해혁명(辛亥革命) 이후에 양력을 사용하면서 양력 1월 1일을 원단이라고 부르고, 음력 1월 1일을 춘절이라고 부르게 되었다.

　춘절에는 전국에 흩어졌던 온 가족이 모두 한 자리에 모이는데, 춘절 당일에는 차표를 구하기 매우 힘들어 한 달 전부터 차표 구하기 경쟁이 매우 치열해진다. 일반적으로 중국인들은 춘절 하루 전날에 모여 음식을 먹으며 밤을 지새우곤 하는데, 이것을 수세(守岁)라고 한다. 그리고 자시(子时, 밤 11시 30분 ~ 0시 30분)가 되면 만두(饺子)를 먹는데, 이는 '자시에 해가 바뀐다(更岁交子)'라는 의미를 지닌다.

　춘절 아침이 되면 중국의 거리는 폭죽 소리로 가득 채워진다. 춘절 아침에 폭죽을 터뜨리는 것은 집안의 악귀를 쫓는다는 의미도 있으며, 폭죽(爆竹)의 발음이 '복을 알리다(报祝)'와 비슷하다는 이유도 있다. 또한 집집마다 대문에 춘련(春联)이라는 대련(대구의 글귀)을 써서 붙이고, 복(福) 자를 거꾸로 붙여놓기도 한다. 이것은 '뒤집어진 복(福倒)'의 발음이 '복이 오다(福到)'와 같기 때문이다.

　우리나라처럼 아이들에게 세뱃돈을 주는 풍습도 있다. 이때 반드시 붉은 봉투(红包)에 돈을 넣어 주는데, 이는 붉은 색이 사악한 기운을 쫓아준다고 믿기 때문이다.

　이처럼 춘절은 중추절(中秋节, 추석)과 함께 중국 최대의 명절로서, 일반적으로 6일 정도의 기간이 휴일로 지정되지만, 지역에 따라 한 달 가까이 쉬는 곳도 있다.

춘절의 거리 모습

춘절의 민속놀이 가운데 하나인 사자춤(狮子舞)

뒤집어진 복(福) 자

붉은 봉투에 담긴 세뱃돈

춘절의 폭죽

精卫填海
Jīngwèi tián hǎi

온갖 고난을 무릅쓰고 고군분투하다

들여다보기

- 새 한 마리가 돌이나 나뭇가지로 바다를 메울 수 있을까?
- 중국에는 바다를 메우려는 새에 관한 전설이 있는데, 이 새는 왜 바다를 메우려고 할까?

精卫填海

온갖 고난을 무릅쓰고 고군분투하다

传说炎帝的小女儿善良可爱，名字叫女娃，炎帝把她看作掌上明珠。

女娃从小就有一个梦想，希望能见到无边的大海，她非常希望父亲能带她到东海—太阳升起的地方去看一看。可是因为父亲每天都很忙，总是不能带她去。

새 단어

炎帝 Yándì 명 염제[전설 속의 인명]
善良 shànliáng 형 선량하다, 착하다
看作 kànzuò 동 ~(으)로 보다, ~(으)로 간주하다
掌上明珠 zhǎngshàngmíngzhū 성 애지중지하는 자녀 혹은 물건
梦想 mèngxiǎng 명 꿈, 몽상
升起 shēngqǐ 떠오르다

悄悄 qiāoqiāo 부 살그머니, 남모르게
离开 líkāi 동 떠나다
划 huá 동 배를 젓다
刮 guā 동 (바람이) 불다
狂风 kuángfēng 명 광풍
掀 xiān 동 솟구쳐 오르다
浪 làng 명 (큰) 물결, 파도

小女孩一天天长大了，终于有一天，她觉得自己能找到东海，于是，悄悄地离开了家，一个人来到东海边，坐上一只小船向海里划去。划着划着，海上突然刮起了狂风，掀起了大浪，女娃想掉转船头划向岸边，可是风浪太大了，不管她怎么用力，小船就是控制不住。突然，一个大浪像山一样，把女娃的船打翻了。弱小的女娃落入海中，很快就没了力气，慢慢地沉入了大海。

　　女娃死了，她的灵魂变成了一只小鸟：花脑袋，白嘴壳，红脚爪，总是发出很悲伤的"精卫、精卫"的叫声。所以，人们把这只小鸟叫作"精卫"。

掉转 diàozhuǎn 통 반대 방향으로 돌리다
岸边 ànbiān 명 해안, 물가
风浪 fēnglàng 명 풍랑
不管 bùguǎn 접 ~에 관계없이, ~을 막론하고
控制 kòngzhì 통 조절하다, 규제하다
打翻 dǎfān 통 뒤집히다, 전복되다
弱小 ruòxiǎo 형 연약하다, 약소하다

力气 lìqi 명 (육체적인) 힘, 체력
沉 chén 통 (물속에) 가라앉다, 잠기다
灵魂 línghún 명 영혼, 혼
变成 biànchéng 통 ~로 변화하다
脑袋 nǎodài 명 머리
嘴 zuǐ 명 부리
脚爪 jiǎozhuǎ 명 (새나 짐승의) 발(톱)

精卫痛恨无情的大海夺去了自己年轻的生命,为了报复,她决定把大海填平。因此,她不停地从山上衔来小石子和小树枝,从早到晚,一趟又一趟,不知疲倦地飞到东海,然后把石子、树枝投到海里去,希望能把大海填平。

새 단어

悲伤 bēishāng 형 몹시 슬퍼하다, 상심하다
叫作 jiàozuò 동 ~라고 부르다
痛恨 tònghèn 동 몹시 미워(원망)하다
无情 wúqíng 형 잔혹하다, 무정하다
夺 duó 동 강제로 빼앗다, 쟁취하다
报复 bàofù 동 보복하다, 앙갚음하다
填平 tiánpíng 동 평평하게 메우다

因此 yīncǐ 접 그래서
衔 xián 동 입에 물다
树枝 shùzhī 명 나뭇가지
趟 tàng 양 차례, 번[왕래한 횟수를 나타냄]
疲倦 píjuàn 동 지치다, 나른해지다
投 tóu 동 던지다, 투척하다
嘲笑 cháoxiào 동 조소하다, 비웃다

大海嘲笑她:"小鸟儿,算了吧,<mark>你这样就是干一百万年</mark>,也不能把我填平!你也不看看你自己才多大的能力……"

精卫回答:"哪怕是干上一千万年、一万万年,干到宇宙的尽头、世界的末日,我总有一天会把你填平的!"

"傻鸟儿,你为什么这么恨我呢?"大海问。

"因为你夺去了我年轻的生命,你以后还会夺去更多无辜的生命,所以我要把你填成平地,不让你再危害别人!"

算了 suàn le 그만두다, 따지지 않다, 됐다
哪怕 nǎpà 접 설령, 가령, 비록
宇宙 yǔzhòu 명 우주
尽头 jìntóu 명 끝, 막바지
末日 mòrì 명 마지막 날, 말일
恨 hèn 동 원망하다, 증오하다
无辜 wúgū 형 무고하다, 죄가 없다

海燕 hǎiyàn 명 바다제비
无意 wúyì 부 무의식중에, 뜻밖에
雌 cí 형 암컷의
坚持不懈 jiānchí búxiè 성 조금도 느슨해지지 않고 끝까지 견지하다

一只海燕飞过东海时无意间看见了精卫，被她的行为所感动，与她结成了夫妻，他们生了很多小鸟，雌的像精卫，雄的像海燕。这些孩子和他们的父母一样，也去衔石头和树枝填海。直到今天，他们还在坚持不懈地做着这个工作。

분석하기

- '女娃'는 왜 집을 떠났을까?
- '女娃'는 바다에서 어떤 일을 겪었는가?
- '精卫'는 바다에서 무엇을 하고 있으며, 그 이유는 무엇인가?
- '精卫塡海'의 주제는 무엇일까?

찾아보기

1) 炎帝 고대 중국에서는 불을 다스렸던 신으로 추앙받았다. 신농씨(神农氏)라고도 불리는데, 의약(医药)과 농업을 창시했다고 한다.

내공 쌓기

1. 为了报复，她决定把大海填平

为了

- '为了'는 '~을 위하여', '~ 때문에'와 같이 목적이나 원인을 나타내는 개사이다.
  - 예 为了提高成绩，她努力学习。 성적을 올리기 위해, 그녀는 열심히 공부한다.
    他为了这件事很担心。 그는 이 일 때문에 걱정이다.

2. 希望能把大海填平

조동사/부사 + 把/被

- 조동사나 부사를 개사 '把', '被'와 함께 사용할 경우 조동사나 부사가 '把', '被'의 앞에 놓여야 한다.
  - 예 我可以把这本书带回家吗? 제가 이 책을 집으로 가지고 가도 괜찮습니까?
    你一定要把窗子关好。 너는 반드시 창문을 잘 잠가야 한다.

3. 你这样就是千一百万年

동사/형용사 + 시량보어

- 동사나 형용사 뒤에서 동작이나 상태가 지속된 시간을 나타내는 보어를 시량보어라고 한다. 일정한 시간의 길이를 나타낼 수 있는 어구만 시량보어로 쓸 수 있다.
  - 예 他在路上走了两个小时。 그는 길에서 두 시간 동안 걸었다.
    家门口的街灯亮了一夜。 집 앞 가로등이 밤새 켜져 있었다.

실력 점검하기

1. 본문의 줄거리에 맞게 다음 문장을 순서대로 배열해 보자.

① 女娃的灵魂成了一只小鸟，叫精卫，每天把山上的小石子投到大海里。
② 女娃想去看大海，但是炎帝每天很忙，不能带她去大海。
③ 女娃坐小船一个人去大海，但是海上突然遇到狂风，她淹死了。
④ 大海问她为什么给我投石子，她说为了防止你伤害别人。

(　　)→(　　)→(　　)→(　　)

2. 다음 문장에 끊어 읽기 표시(//)를 하고 여러 번 읽어보자.

> 小女孩一天天长大了，终于有一天，她觉得自己能找到东海，于是，悄悄地离开了家，一个人来到东海边，坐上一只小船向海里划去。

> 一只海燕飞过东海时无意间看见了精卫，被她的行为所感动，与她结成了夫妻。

3. 문장의 빈칸에 알맞은 단어를 보기에서 골라 채워보자.

> **보기**　　看作　　升　　控制　　哪怕

(1) 妈妈永远把我_____孩子。

(2) _____天气再冷，我也要去看她。

(3) 太阳总是从东方_____起来。

(4) 我_____不住自己的情绪，跟他生了气。

4. 빈칸에 알맞은 말을 보기에서 골라 대화를 완성해 보자.

> **보기**　　为了　　把　　学　　坚持不懈

晓明　你最近很忙吗?

智恩　有点儿忙，我准备出国留学，(1)_____提高汉语成绩，我要去补习班。

晓明　啊，毕业以后你打算去中国学习吗?

智恩　嗯，我一定要(2)_____汉语成绩提高一点儿，这样我才能上北大研究院。

晓明　太厉害了，这样(3)_____地学习，你一定能做到!

智恩　但是我汉语已经(4)_____了四年了，成绩却一点儿也没进步。

晓明　别担心，我会帮你的。

 코너

전설 속 황제(黃帝)와 염제(炎帝), 중국인들의 조상

중국인들은 스스로를 전설적인 영웅, 황제와 염제의 후예라고 말한다. 황제와 염제는 과연 누구일까?

약 4,000년 전 황하 유역에는 많은 부족들이 살고 있었는데, 그 중 황제와 염제가 이끄는 두 부족이 가장 강성했다. 전설에 따르면 남쪽에 살던 치우(蚩尤)의 부족이 영토를 확장하기 위해 염제의 부족을 공격했다. 전쟁 끝에 염제의 부족은 패배했고, 염제는 황제에게 달려가 도움을 요청했다. 이에 황제는 염제와 동맹을 맺고 탁록(涿鹿, 지금의 하북성河北省 장가구张家口)에서 치우의 부족을 격파했다. 전쟁 중에 치우는 자욱한 안개를 일으켜 황제의 군대를 혼란에 빠뜨렸으나, 황제는 지남거(指南车, 오늘날의 나침반과 같이 항상 남쪽을 가리키는 장치가 있는 수레)를 만들어 안개를 극복하고 치우를 쓰러뜨렸다.

탁록에서의 전투가 끝난 후 황하 유역의 부족들은 황제와 염제의 부족을 중심으로 모여들었으며 그 과정에서 언어, 의복, 생활방식 등이 통일되었다. 이렇게 형성된 이들을 화하족(华夏族)이라고 한다. 화하족은 오늘날 중국의 대부분을 구성하는 한족(汉族)의 조상이다. 이러한 이유로 중국인들은 스스로를 황제와 염제의 후예, 즉 염황자손(炎黃子孙)이라 부른다.

염제(炎帝)   황제(黃帝)

전설 속의 염제와 황제

황하 유역의 염제와 황제 상(像)

제 9 과

嫦娥奔月
Cháng'é bēn yuè

상아가 달로 달아나다

들여다보기

중국인들이 중추절마다 달에 제사를 지내는 이유는 무엇일까?

嫦娥奔月

상아가 달로 달아나다

后羿射下了九个太阳¹⁾，立了大功，受到百姓的尊敬和爱戴。旦当他兴奋地向天帝汇报时，天帝却闷闷不乐地说："虽然你对百姓有功，可是你射死了我的九个儿子，我一看到你，就会想起他们。你还是和你的妻子嫦娥²⁾变成凡人，到人间去住吧。"

后羿回家后把这件事儿告诉了妻子嫦娥。嫦娥难过极了，她埋怨后羿："神仙变成了凡人，就不能长生不死了，我可不想变老死去。"后羿安慰妻子说："没关系，我听说玉山³⁾住着一位王母娘娘⁴⁾，她有长生不死药。我们可以找她要两份，做不了神仙，但可以长生不死啊。"

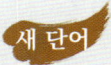

后羿 Hòuyì 명 후예[신화 속의 궁수]
射 shè 동 (활·총 따위를) 쏘다
立功 lìgōng 동 공을 세우다
尊敬 zūnjìng 명 존경
爱戴 àidài 명 추대
兴奋 xīngfèn 형 흥분하다, 감격하다
天帝 tiāndì 명 상제(上帝), 하나님

汇报 huìbào 동 보고하다
闷闷不乐 mènmèn búlè 성 마음이 답답하고 울적하다
嫦娥 Cháng'é 명 상아[신화 속의 선녀]
凡人 fánrén 명 평범한 사람, 보통 사람
人间 rénjiān 명 인간 세상, (인간) 사회
难过 nánguò 형 괴롭다

第二天一早，后羿背上弓箭，骑上马到玉山去了。听了后羿的遭遇，王母娘娘很同情他，马上给了他两份长生不死药。

后羿拿到药，兴奋地回到家中，想和嫦娥一起把药吃了。但这时有人叫他出去办点儿事儿，后羿就让嫦娥把药先收起来，等他回来再一起吃。

后羿走后，嫦娥看着药想："这药吃一份能长生不死，如果吃两份，说不定能变成神仙，回到天上生活了。"于是，她打开药包，把两份药全吃了。嫦娥刚吃了药，身子就慢慢地飘离地面，向天上飞去。

埋怨 mányuàn 동 불평하다, 원망하다
神仙 shénxiān 명 신선, 선인
长生不死 chángshēng bùsǐ 장생불사, 오래도록 살고 죽지 아니함
安慰 ānwèi 동 위로하다, 위안하다
王母娘娘 Wángmǔniángniáng 명 서왕모 [신화 속의 여신]

背 bēi 동 (등에) 지다, 메다
弓箭 gōngjiàn 명 활과 화살
遭遇 zāoyù 명 처지
同情 tóngqíng 동 동정하다, 공감하다
说不定 shuōbudìng 부 아마, 짐작컨대
打开 dǎkāi 동 펼치다, 열다
飘 piāo 동 나부끼다, 흩날리다

后羿办完事儿，高高兴兴地回家，一进门看到桌子上的药包空了，嫦娥也不见了。他急忙跑出去，只看见一个熟悉的身影向天上飘去。后羿知道这一定是嫦娥，他伤心极了！

这时嫦娥还在往上升。她想："去哪儿好呢？"她抬头望了望皎洁的明月："我到月宫里去住吧，那儿一定是个美丽的地方。"于是，嫦娥就向月宫飞去。一到月宫，嫦娥就后悔了。月宫里十分冷清，除了一只白兔、一只蟾蜍和一棵桂树以外，什么也没有。嫦娥感到十分寂寞，她是多么想她的丈夫，想她的家，想热闹的人间啊！但是已经晚了，她只能永远住在冷清的月宫里了。

새 단어

空 kōng 형 (속이) 텅 비다
熟悉 shúxī 형 잘 알다, 익숙하다
身影 shēnyǐng 명 형체, 도습
升 shēng 동 오르다, 올라가다
抬 tái 동 들다
皎洁 jiǎojié 형 (달이) 밝고 맑다
月宫 yuègōng 명 월궁, 달 속의 궁전

后悔 hòuhuǐ 동 후회하다
冷清 lěngqing 형 적막하다
蟾蜍 chánchú 명 두꺼비
桂树 guìshù 명 계수나무
寂寞 jìmò 형 쓸쓸하다
呼唤 hūhuàn 동 부르다, (큰 소리로) 외치다
格外 géwài 부 특별히, 유달리

　　在人间生活的后羿很想念嫦娥，常常在夜里望着天空呼唤妻子的名字。八月十五的晚上，他发现月亮格外明亮，上面还有个晃动的身影非常像嫦娥。于是，他在后花园里摆放上嫦娥最爱吃的点心和水果，遥祭自己心中一直眷恋着的妻子。

晃动 huàngdòng 동 흔들다, 흔들거리다
摆放 bǎifàng 동 (일정한 장소에) 놓아두다
祭 jì 동 제사 지내다, (죽은 자를) 추도하다
眷恋 juànliàn 동 그리워하다
奔 bēn 동 달아나다, 도망치다
效仿 xiàofǎng 동 본받다, 모방하다
祈求 qíqiú 동 간청하다, 간구하다

吉祥 jíxiáng 형 운수가 좋다, 길하다
平安 píng'ān 형 평안하다, 무사하다
拜 bài 동 절하다, 숭배하다
赏 shǎng 동 감상하다
风俗 fēngsú 명 풍속

百姓们听到嫦娥奔月成仙的消息后，也效仿后羿，八月十五的晚上在月下摆放点心、水果，向嫦娥祈求吉祥平安。从此，八月十五拜月赏月的风俗就在民间慢慢地传开了，这就是中秋节的由来。

분석하기

- '嫦娥'는 왜 '后羿'를 원망했는가?
- '嫦娥'는 불사약을 본 후 어떻게 했는가?
- '嫦娥'는 달에 간 후 왜 후회했는가?
- 중국인들은 중추절이 되면 왜 달에 제사를 지낼까?

찾아보기

1) **后羿射下了九个太阳** 전설에 따르면 후예(后羿)는 상아(嫦娥)의 남편이며, 활을 매우 잘 쏘았다고 한다. 그가 살던 시대에는 하늘에 10개의 태양이 떠있어서 사람들이 태양의 열기에 고통 받았다. 태양은 모두 천제(天帝)의 아들이었는데, 후예는 사람들을 위해 9개의 태양을 활로 쏘아 떨어뜨리고 영웅으로 칭송 받았다.

2) **嫦娥** 후예의 아내이며 달의 여신이다.

3) **玉山** 전설에 따르면 중국 북서쪽에 있으며, 신선들이 사는 산이라고 한다.

4) **王母娘娘** 전설에 따르면 중국 서쪽의 옥산(玉山, 또는 곤륜산昆仑山)에 살고 있으며, 신선들을 통솔하는 여신이다.

내공 쌓기

1. 玉山住着一位王母娘娘

장소 + 동사 + 사람/사물

- 존현문(存现句)은 중국어의 특수한 문장 형식이다. 어떤 장소에 사람이나 사물이 존재하거나 출현 또는 소실하는 것을 나타내는 문장이다. 존현문은 의미상 아래 두 가지로 구분할 수 있다.

  ① 어떤 장소에 사람이나 사물이 존재하는 것을 나타낸다.
   墙上挂着一幅画。 벽에 그림 한 폭이 걸려 있다.
   桌子上有两本书。 책상 위에 책 두 권이 있다.

  ② 어떤 장소에 사람이나 사물이 출현하거나 소실되는 것을 나타낸다.
   家里来了一位客人。 집에 손님 한 분이 오셨다.
   书架上少了三本书。 책장에서 책 세 권이 없어졌다.

2. 我们可以找她要两份(药)

주어 + 동사1 (+ 빈어1) + 동사2 (+ 빈어2)

- 둘 또는 둘 이상의 동사구가 하나의 주어를 공유하는 문장을 연동문(连动句)이라고 한다. 연동문의 동사^{1}과 동사^{2}는 시간 순서에 따라 연속으로 이루어진 동작일 수도 있고, 동사^{2}가 동사^{1}의 목적이거나 동사^{1}이 동사^{2}의 방식(수단이나 도구)일 수도 있다.

  예 他听完故事大笑起来。 그는 이야기를 듣고 크게 웃기 시작했다. [시간 순서]
   我去商店买礼物。 나는 선물을 사러 상점에 간다. [목적]
   中国人用筷子吃饭。 중국인들은 젓가락으로 밥을 먹는다. [방식]

3. 后羿就让嫦娥把药先收起来

주어 + 동사1 + 빈어1 + 동사2 (+ 빈어2)

- 한 문장에 두 개의 동사가 있고 동사^{1}의 빈어가 동사^{2}의 주어 역할을 겸한다면 이를 겸어문(兼语句)이라고 한다. 즉 연동문과 달리 동사^{2}와 주어 사이에 주술관계가 존재하지 않는다. 동사^{1}에는 '使', '让', '叫', '请', '派' 등이 자주 사용된다.

  예 妈妈让我买了一件礼物。 엄마는 나에게 선물 하나를 사게 했다.

실력 점검하기

1. 본문의 줄거리에 맞게 다음 문장을 순서대로 배열해 보자.

① 到了月宫，嫦娥很后悔，很想她的丈夫。
② 为了嫦娥，后羿去找王母娘娘要两个长生不死药。
③ 嫦娥偷偷地吃了两个药，一个人慢慢地升到月宫。
④ 后羿看到月亮上面的人影，开始向着月亮遥祭自己的妻子。

(　　　) → (　　　) → (　　　) → (　　　)

2. 다음 문장에 끊어 읽기 표시(//)를 하고 여러 번 읽어보자.

后羿回家后把这件事儿告诉了妻子嫦娥。嫦娥难过极了，她埋怨后羿："神仙变成了凡人，就不能长生不死了，我可不想变老死去。"

这时有人叫他出去办点儿事儿，后羿就让嫦娥把药先收起来，等他回来再一起吃。

3. 문장의 빈칸에 알맞은 단어를 보기에서 골라 채워보자.

> **보기** 遭遇 格外 眷恋 呼唤

(1) 以前我没觉得她漂亮，今天月光下的她_____美丽。
(2) 我每当感到孤独的时候，都向天空_____你的名字。
(3) 过去的事儿就过去吧，没有什么值得_____的。
(4) 人们对她不幸的_____表示同情。

4. 빈칸에 알맞은 말을 보기에서 골라 대화를 완성해 보자.

> **보기** 住着 让 说不定 看

王可心　假期你打算做什么？

张亮　　我打算去北京(1)_____奶奶，你呢？

王可心　我想学画画，我家旁边(2)_____一位很有名的画家，
　　　　我想向他学习画画儿。

张亮　　真好啊！妈妈(3)_____我买好吃的给奶奶，
　　　　可是我觉得奶奶不喜欢吃的。

王可心　那买一件旗袍给奶奶怎么样？(4)_____奶奶会喜欢。

张亮　　好主意，我们一起去商店买旗袍吧。

중국의 추석, 중추절(中秋节)

중추절은 음력 8월 15일로 춘절(春节), 청명절(清明节), 단오절(端午节)과 함께 중국의 4대 명절 가운데 하나이다. 기록에 따르면 이미 주나라 때부터 음력 8월 15일이 되면 풍년을 기원하기 위해 달에 제사를 지내는 의식이 있었다. 이러한 이유로 팔월제(八月节), 팔월회(八月会) 또는 월석(月夕)이라고도 부른다. 2008년부터 국가법정공휴일로 지정되었다.

중국에서는 중추절 저녁에 달맞이 행사를 하는데 달을 향해 제사를 지내거나 달을 바라보며 소원을 빈다. 이때 중국인들의 중심에는 월병(月饼)이라는 음식이 있다. 월병은 보름달 같이 둥근 모양인데, 이는 '온 가족이 함께 모인다'는 의미를 지니고 있다. 밀가루 반죽 안에 소를 넣고 겉에 아름다운 문양을 찍은 후 구워 내는데, 소는 주로 팥을 넣거나 견과류, 말린 과일, 계란, 고기, 소시지, 깨, 연밥 등을 넣는다.

현대 중국에서는 중추절에 우리의 추석과 같이 큰 의미를 두지는 않는다. 그러나 여전히 가족들이 모여 서로의 행복을 기원하고 월병을 먹는 등의 풍습이 남아 있으며, 몇몇 지역에서는 달맞이 행사, 등놀이 행사 등을 통해 외국인 관광객들의 흥미를 끌어들이고 있다.

월병(月饼)

중추절에 모인 가족들

중추절에 있는 달맞이 행사

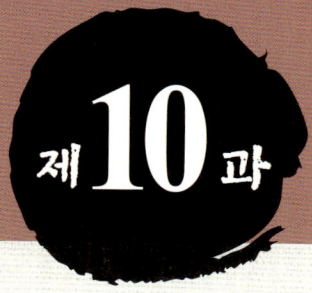

鯀禹治水
Gǔn Yǔ zhì shuǐ

곤, 우가 물을 다스린 중원의 신화

들여다보기

수해는 인간에게 닥치는 큰 재앙 중 하나이다. 이 때문에 세계 각 민족마다 수해 극복에 관한 신화가 전해지고 있다. 옛 중국에서는 누가 어떠한 방법으로 수해를 극복했을까?

鲧禹治水

곤, 우가 물을 다스린 중권의 신화

　　四千多年以前，正是尧帝¹⁾在位的时候，人间发了一次大洪水。据说是天帝看见地上的百姓总做错事儿，很生气，所以就给人间降下大洪水，以此来惩罚他们。

　　洪水可怕极了，大地变成了汪洋。田地被淹没了，人们没有吃的；房子被毁了，老百姓没有了住处；毒蛇猛兽四处乱跑，伤害人和牲畜。人们的生活非常困难。

　　惩罚百姓是天帝的决定，其他的神不能干涉。他们大多也不太关心人间的疾苦，只顾自己快乐地生活。只有一个叫鲧²⁾的神，他是天帝的孙子，他真心

새 단어

尧帝 Yáodì 명 요임금[전설 속 고대 제왕]
洪水 hóngshuǐ 명 홍수
据说 jùshuō 동 말하는 바에 의하면
惩罚 chéngfá 동 징벌하다
汪洋 wāngyáng 명 넓고 큰 들[바다]
毁 huǐ 동 부수다, 훼손하다
毒蛇 dúshé 명 독사

兽 měngshòu 명 맹수, 사나운 짐승
牲畜 shēngchù 명 가축
干涉 gānshè 동 간섭하다
疾苦 jíkǔ 명 질고, 괴로움, 고통
顾 gù 동 정신을 집중하다
鲧 Gǔn 명 곤[전설 속 우왕의 아버지]
担忧 dānyōu 동 걱정하다, 근심하다

地同情老百姓，为百姓担忧。他曾多次请求天帝把洪水收回去。但固执的天帝不但不听，而且还训斥了鲧。鲧非常着急，看着受苦的老百姓，他决定要帮助他们治理好洪水。

鲧觉得治水要用土去挡。可是，哪儿来那么多土呢？他突然想到天庭有一个宝物，叫做息壤³⁾。它看上去并不大，可是只要一投向大地，就会很快地生长，堆成山，筑成堤，并且生长不息。但鲧知道这是天帝的宝物，是不会给自己的。

于是他趁天庭守卫疏忽，把息壤偷了出来。鲧来到人间，把息壤往洪水泛滥的地方一投，息壤立刻迅速生长。洪水涨一米，息壤就长一米；洪水涨十米，息壤就长十米，很快洪水就被挡在大堤之外了。

固执 gùzhí 형 완고하다
训斥 xùnchì 동 훈계하다, 엄하게 타이르며 꾸짖다
治理 zhìlǐ 동 다스리다, 치수(治水)하다
挡 dǎng 동 막다
天庭 tiāntíng 명 (신화에서) 천신이 사는 곳
堆 duī 동 쌓이다, 쌓다
筑 zhù 동 세우다, 짓다

堤 dī 명 둑, 제방
生长不息 shēngzhǎng bùxī 멈추지 않고 성장하다
守卫 shǒuwèi 명 수비, 경비원
疏忽 shūhu 동 소홀히 하다
泛滥 fànlàn 동 범람하다
迅速 xùnsù 형 재빠르다, 신속하다

但这时，天帝知道了息壤被偷的事，他非常愤怒，认为鲧是天庭的叛徒，毫不犹豫地派火神把鲧杀了，夺回了息壤。息壤一撤，洪水立即反扑过来，冲垮了大堤。

鲧被杀了，但因为他治水的愿望没有实现，所以他的灵魂并没有死。三年过去了，他的尸体都没有腐烂。而且，肚子里还孕育了一个新的生命，这就是他的儿子禹[4]。禹在鲧的肚子里生长着、变化着，吸收了父亲的全部神力。

听说鲧的尸体三年不烂，天帝害怕极了，于是就派了一个天神用宝刀剖开了鲧的肚子。这时候，鲧的儿子禹就从父亲的肚子里跳了出来。

새 단어

涨 zhǎng 동 물이 붇다
愤怒 fènnù 동 분노하다
叛徒 pàntú 명 반역자, 역적
派 pài 동 파견하다
毫不犹豫 háobù yóuyù 성 조금도 주저하지 않다
撤 chè 동 없애다, 제거하다
立即 lìjí 부 즉시, 곧

反扑 fǎnpū 동 반격하다
冲垮 chōngkuǎ 동 (물 따위가) 쓸어 무너뜨리다
腐烂 fǔlàn 동 썩어 문드러지다, 부식하다
孕育 yùnyù 동 배양하다, 배태하다
禹 Yǔ 명 우[전설 속의 인명]
事业 shìyè 명 일
威力 wēilì 명 위력

禹要继续父亲没有完成的事业，就去天庭求见天帝。天帝被禹治理洪水的决心感动了，于是答应把息壤给他，并派神龙帮助禹一起为百姓治理洪水。

禹来到治水的地方。他一开始也像父亲一样用堵的办法，可是修好大堤之后，被堵的洪水反而威力更大，很快就将大堤冲垮了。试了很多次后，大禹终于明白了一个道理："光堵是不行的，还要疏

光 guāng 부 다만, 오직
疏通 shūtōng 동 소통시키다, 잘 통하게 하다
沿 yán 개 (물·길·물체의 가장자리 등을) 따라[뒤에 '着'를 붙일 수 있음]
沟 gōu 명 도랑, 고랑
渠 qú 명 인공 수로
奔波 bēnbō 동 바쁘게 뛰어다니다, 분주하다

经过 jīngguò 동 (장소·시간·동작 등을) 지나다
遗愿 yíyuàn 명 생전에 다하지 못한 뜻, 남긴 염원
灌溉 guàngài 동 관개하다, 논밭에 물을 대다
称赞 chēngzàn 동 칭찬하다
功绩 gōngjì 명 공적, 수훈

通。"于是，大禹叫神龙用尾巴在地上画线，然后让人沿着线挖沟成渠，把洪水引入大海。这些沟、渠就成了我们今天的江河。

为了治水，禹四处奔波。他曾经三次经过家门，都没有进去。这样经过十三年的努力，禹终于将洪水治理好，完成了鲧的遗愿。他不仅把洪水引到大海里去，而且还修建了渠道，让百姓们用河水灌溉庄稼。

后人都称赞禹治水的功绩，尊称他为大禹。

분석하기

- '鲧'은 왜 백성들을 의해 홍수를 다스리려 했을까?
- '鲧'은 어떤 방법으로 홍수를 다스리려 했는가? 결과는 어떠했는가?
- '禹'는 어떤 방법으로 홍수를 다스리려 했는가? 결과는 어떠했는가?
- '禹'가 홍수를 다스리기 위해 얼마나 노력했는지 알 수 있는 일화를 찾아보자.

찾아보기

1) 尧帝 고대 중국의 전설적인 제왕. 덕으로 나라를 평안하게 다스렸다고 한다. 후에 순(舜)에게 제왕의 자리를 물려주었다.
2) 鲧 요(尧) 시대에 홍수를 다스리려 했으나 실패했다. 우(禹)의 아버지이다.
3) 息壤 아무리 써도 없어지지 않고 증식하는 흙. 식토(息土)라고도 한다.
4) 禹 곤(鲧)의 아들로서 홍수 문제를 해결했다. 후에 홍수를 해결한 공로를 인정받아 순에게 제왕의 자리를 물려받고 하(夏)나라의 시조가 되었다. 요, 순과 더불어 고대 중국의 태평성대를 이룩했다는 전설적인 제왕이다.

내공 쌓기

1. 它看上去并不大

看上去

- '看上去'는 '보아하니 ~하다'라는 뜻으로, 주로 화자의 어떤 관점이나 태도 등을 말할 때 사용하는 표현이다.

    예 她看上去像我的妹妹。 그녀는 보아하니 내 여동생을 닮은 것 같다.
    他今年五十岁，但看上去却很年轻。 그는 올해 50살이지만, 보기에는 젊어 보인다.

2. 只要一投向大地，就会很快地生长

只要…, 就…

- '只要…, 就…'는 '~하기만 하면 ~하다'라는 조건 관계를 나타낸다. 앞 절의 조건이 갖추어지면 뒷 절의 결과가 발생함을 말한다.

    예 他只要一喝酒，就喝醉。 그는 술을 마시기만 하면, 취해 버린다.
    我只要站在上司的面前，就畏缩。 나는 상사 앞에 서기만 하면, 위축된다.

3. 三年过去了，他的尸体都没有腐烂

시간/횟수를 나타내는 말 + 都 + 술어(부정형)

- '都' 앞의 시간이나 횟수는 화자가 생각하는 최솟값을 말한다. '都' 뒤에는 일반적으로 부정 형식이 오는데, '~했지만, ~하지 않았다', '~도 되지 않았지만'의 뜻을 나타낸다.

    예 学了一年，一本书都没学习完。
    일 년을 공부했지만, 책 한 권도 다 공부하지 못했다.
    一个小时都不到，他做完题就走出教室了。
    한 시간도 되지 않았는데, 그는 모든 문제를 다 풀고 교실을 나갔다.

실력 점검하기

1. 본문의 줄거리에 맞게 다음 문장을 순서대로 배열해 보자.

① 鲧被火神杀了，鲧的儿子禹从他的尸体里跳了出来。
② 禹继承父亲的遗志为百姓治理洪水，终于将洪水治理好，完成了鲧的遗愿。
③ 鲧同情受苦的百姓，就把息壤偷了救助陷入困境的百姓。
④ 天帝看地上的百姓常常做错事儿，所以给百姓降下大洪水。

(　　　) → (　　　) → (　　　) → (　　　)

2. 다음 문장에 끊어 읽기 표시(//)를 하고 여러 번 읽어보자.

它看上去并不大，可是只要一投向大地，就会很快地生长，堆成山，筑成堤，并且生长不息。

洪水涨一米，息壤就长一米；洪水涨十米，息壤就长十米，很快洪水就被挡在大堤之外了。

---

3. 문장의 빈칸에 알맞은 단어를 보기에서 골라 채워보자.

> **보기**   治理   趁   光   经过

(1) 他总是_____说不做。

(2) _____环境污染是这届政府的重大课题。

(3) 他_____刻苦的努力，终于考上了大学。

(4) 我想_____这个机会换个职业。

4. 빈칸에 알맞은 말을 보기에서 골라 대화를 완성해 보자.

> **보기**   据说   看上去   只要   都

浩然 (1)_____，他这次毕业考试没通过。

杨洋 是吗？他(2)_____学习很努力。

浩然 什么啊，他最近一周(3)_____没学习。

杨洋 老师说(4)_____每天努力学习，就能通过毕业考试。

浩然 那我们每天都去图书馆学习吧。

杨洋 好的，我们一起加油吧。

 코너

중국의 강, 황하(黃河)와 장강(长江)

우리나라가 동고서저(东高西低)의 지형인 것과 달리 중국은 서고동저(西高东低)의 지형을 가지고 있다. 서쪽의 고원과 산맥에서부터 동쪽의 평원까지 이어지는 지형 탓에 서쪽에서 발원한 중국의 강은 대부분 동쪽으로 흘러들어 간다. 그중 황하와 장강은 우리에게도 익히 알려져 있는 큰 강이다.

황하

황하는 청해성(青海省)에서 촬원하여 산동성(山东省) 발해만(渤海湾)에 도달해 바다로 흘러들어가는 길이 5,464km의 강이다. 황하라는 이름은 중류의 황토고원(黃土高原)을 지나며 대량의 진흙을 포함해 물이 황색을 띠기에 붙여진 이름이다. 황하는 중국의 신화와 역사가 서린 강으로서 황하문명(黃河文明)의 발상지이며, 역대 수많은 왕조가 일어나 정치와 행정의 중심지 역할을 맡았다. 과거부터 수많은 범람과 물줄기의 변화를 겪었으며, 현재는 인공적인 치수사업을 통해 홍수를 막고 있다.

황하(黃河)

황하의 치수사업

장강

장강은 양자강(扬子江)이라고도 불리며, 세계에서 세 번째로 길고, 중국에서는 가장 긴 강이다. 전체 길이가 6,300km에 달하며, 청해성에서 발원해 상해시(上海市)에서 바다와 만난다. 황하가 중국의 북방 문명을 대표한다면 장강은 중국 남방 문명을 대표한다. 과거부터 일대의 농업에 큰 영향을 끼쳤으며, 수운의 발달로 교통에도 중요한 역할을 맡았다. 오늘날에는 강을 따라 대규모의 댐을 건설하여 치수, 농업용수 공급, 에너지 생산 등의 효과를 거두고 있다. 또한 상해를 중심으로 한 하류의 장강삼각주(长江三角洲)는 중국 경제 성장의 최대 중심지로 꼽힌다

장강(长江)

장강의 댐

제 11 과 三顾茅庐
sān gù máo lú

참을성과 정성으로 뛰어난 인재를 얻다

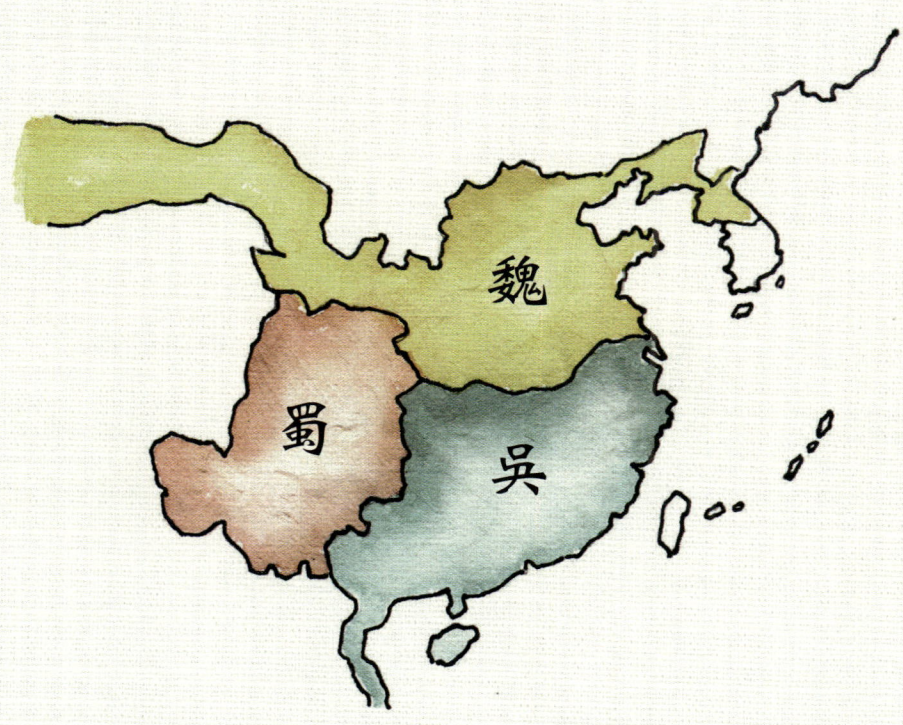

들여다보기

『삼국지연의(三国志演义)』는 중국의 후한(后汉) 말부터 위(魏), 촉(蜀), 오(吴) 세 나라의 대립을 거쳐 진(晋)으로 통일되기까지의 역사를 바탕으로 14세기 나관중(罗贯中)이 쓴 소설이다. 우리에게 친숙한 유비(刘备), 관우(关羽), 장비(张飞), 제갈량(诸葛亮), 조조(曹操), 손권(孙权) 등 영웅들의 이야기를 담고 있으며, 이들의 이야기는 많은 사람들에게 사랑 받았다. 후대에 여러 가지 판본뿐만 아니라 연극, 강담 등으로도 만들어졌으며, 현대에는 컴퓨터 게임, 애니메이션 등으로도 제작되고 있다.

三顾茅庐
참을성과 정성으로 뛰어난 인재를 얻다

东汉末年，诸葛亮¹⁾住在隆中²⁾的茅庐里。

有人向刘备³⁾推荐："诸葛亮是个不可多得的人才，可以帮助你得到天下。"于是刘备决定去拜访诸葛亮，希望他能帮助自己夺取天下。

第一次，刘备带了自己的好兄弟关羽⁴⁾、张飞⁵⁾，准备了一份礼物，到隆中去见诸葛亮。不巧，那天诸葛亮不在家，刘备白走了一趟。在回去的路上，他遇到一个人朝诸葛亮家走来。"你一定就是诸葛先生吧？"刘备高兴地说。"哦，不，我是诸葛亮的朋友，也是来找他的。"刘备只能失望地回去了。

새 단어

末年 mònián 몡 말년, 말기
诸葛亮 Zhūgě Liàng 몡 제갈량[인명]
茅庐 máolú 몡 초가집
刘备 Liú Bèi 몡 유비[인명]
推荐 tuījiàn 동 추천하다
不可多得 bùkěduōdé 성 매우 드물다
人才 réncái 몡 인재

天下 tiānxià 몡 천하, 온 세상
拜访 bàifǎng 동 예를 갖추어 방문하다
夺取 duóqǔ 동 쟁취하다, 애써서 얻다
关羽 Guān Yǔ 몡 관우[인명]
张飞 Zhāng Fēi 몡 장비[인명]
礼物 lǐwù 몡 예물, 선물
不巧 bùqiǎo 부 공교롭게도

过了几天，听说诸葛亮回家了，刘备想马上去见他。这时正是冬天，天寒地冻。张飞说："天气太冷了，哥哥不用亲自去见他。把他叫来不就行了吗？"刘备说："只有亲自去，才能显出我的诚意来啊。"

于是刘备和关羽、张飞冒着大风雪，第二次去拜访诸葛亮。他们敲门进去，见到了一位少年。

"诸葛先生，终于见到您啦！"

"您是刘备刘先生吧？我是诸葛亮的弟弟。"

"你哥哥呢？"

"他和朋友一起出去了。"

"去哪儿了？"

白走 báizǒu 동 헛걸음하다
遇到 yùdào 동 만나다, 마주치다
天寒地冻 tiānhán dìdòng 성 날씨가 무척 춥다
显出 xiǎnchū 동 밝게 드러나다
诚意 chéngyì 명 성의, 진심
冒 mào 동 (위험을) 개의치 않다
钓鱼 diàoyú 동 낚시하다

游览 yóulǎn 동 유람하다
弹琴 tánqín 동 거문고를 타다(연주하다)
下棋 xiàqí 동 장기를 두다, 바둑을 두다
缘分 yuánfèn 명 인연, 연분
催 cuī 동 (행동이나 일을) 재촉하다, 독촉하다
只得 zhǐdé 부 어쩔 수 없이, 할 수 없이
留 liú 동 남기다

"可能去江上钓鱼，也可能去山上游览，还可能去朋友家弹琴下棋。"

"他什么时候回来呢？"

"这，我也不知道。"

"我与先生真没有缘分啊。"刘备叹了一口气。

张飞本来就不想来，见诸葛亮不在家，就催着要回去。刘备只得留下一封信离开了。

冬去春来，刘备准备再去请诸葛亮。为了表达诚意，他三天没有吃肉，还换了干净的衣服。关羽和张飞都不耐烦了，关羽说："诸葛亮不一定有真才实学，不用去了！"张飞说："我一个人去就可以了。如果他不来，我就用绳子把他捆来。"刘备听了很生气："怎么能这样说呢，诸葛先生可不是徒有虚名。"

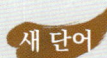 새 단어

表达 biǎodá 동 표현하다, 나타내다
不耐烦 búnàifán 형 못 참다, 견디지 못하다
不一定 bùyídìng 형 확정할 수 없다, 확정적이지 않다
真才实学 zhēncái shíxué 성 진정한 재능과 견실한 학식, 진정한 재간
绳子 shéngzi 명 밧줄, 노끈

捆 kǔn 동 (새끼 따위로) 묶다, 잡아매다
徒有虚名 túyǒuxūmíng 성 텅 빈 이름뿐이다, 유명무실하다
直到 zhídào 동 줄곧 ~까지
醒 xǐng 동 잠에서 깨다
形势 xíngshì 명 정세, 형편
精辟 jīngpì 형 날카롭다, 통찰력이 있다

于是他们第三次去拜访诸葛亮。到诸葛亮家时,他正在睡觉,刘备就一直在外面等,直到诸葛亮醒来,才进去。

这次,刘备终于见到了诸葛亮。诸葛亮对天下形势作了非常精辟的分析,刘备十分佩服。

分析 fēnxī 동 분석하다
佩服 pèifú 동 감탄하다, 탄복하다
建立 jiànlì 동 세우다, 건립하다
蜀国 Shǔguó 명 촉나라
成为 chéngwéi 동 ~가 되다
魏国 Wèiguó 명 위나라
吴国 Wúguó 명 오나라

平分 píngfēn 동 고르게 나누다, 균분하다
之一 zhīyī 명 ~중의 하나

刘备"三顾茅庐"使诸葛亮非常感动，他答应出来帮助刘备夺取天下。刘备有了诸葛亮，就像鱼有了水一样，很快建立了蜀国[6]，成为与魏国[7]、吴国[8]平分天下的三国之一。

분석하기

- '刘备'는 왜 '诸葛亮'을 만나고 싶어 했을까?
- '刘备'가 두 번째로 '诸葛亮'을 찾아 갔을 때 만난 사람은 누구인가?
- '关羽'와 '张飞'는 '诸葛亮'에 대해 어떻게 생각했을까?
- '诸葛亮'은 '刘备'와 만나 어떤 이야기를 했을까?

찾아보기

1) 诸葛亮(BC 181~BC 234) 삼국시대 촉나라의 정치가이자 전략가. 유비를 도와 촉나라를 세웠다. 자는 공명(孔明)이며, 와룡선생(卧龙先生)으로도 불린다.

2) 隆中 오늘날의 양양시(襄阳市) 양성구(襄城区) 서쪽에 위치했다.

3) 刘备(BC 161~BC 223) 삼국시대 촉나라의 1대 황제. 서한(西汉) 황족의 후손이며, 관우·장비와 의형제를 맺고 제갈량을 등용한 후 촉나라를 세웠다.

4) 关羽(BC 160~BC 220) 삼국시대 촉나라의 장수. 자는 운장(云长)이며, 용맹하고 충성스럽기로 유명했다. 현재 중국에서는 무신(武神)이나 재신(财神)으로 받들어지고 있다.

5) 张飞(BC ?~BC 221) 삼국시대 촉나라의 장수. 자는 익덕(益德)이다. 매우 용맹했다고 전해지며, 소설에서는 성격이 급해 실수가 잦은 인물로 묘사된다.

6) 蜀国(BC 221~BC 263) 유비가 세운 나라로서, 지금의 운남성과 사천성, 귀주성 일대에 위치했다. 도읍은 성도(成都)였다.

7) 魏国(BC 220~BC 266) 조조(曹操)의 셋째 아들 조비(曹丕)가 세운 나라로서, 위, 촉, 오 세 나라 중 가장 강성했다. 중원 지역에 위치했으며, 도읍은 낙양(洛阳)이었다.

8) 吴国(BC 229~BC 230) 손권(孙权)이 황제를 칭하며 건국한 나라로서, 양자강 중·하류 지역에 위치했다. 도읍은 건업(建业), 현재의 남경(南京)이었다.

내공 쌓기

1. 刘备白走了一趟

동사 + 동량보어

- 동사의 뒤에서 동작의 횟수를 나타내는 보어를 동량보어라고 한다. 동사가 빈어를 가질 때, 빈어가 명사라면 동량보어는 빈어의 앞에 위치하고, 빈어가 대사라면 동량보어는 빈어의 뒤에 위치한다.

  예 你来读一遍。 네가 한 번 읽어보아라.
  我去过一趟纽约。 나는 뉴욕에 한 번 가 본 적이 있다. [빈어가 명사인 경우]
  今天他找了我两次。 오늘 그는 나를 두 번 찾았다. [빈어가 대사인 경우]

2. 我是诸葛亮的朋友，也是来找他的

是…的

- '是…的'는 이미 발생한 일에 대해 시간이나 장소, 수단, 행위자, 대상 등을 강조할 때 사용하는 표현이다. 강조하고자 하는 내용 앞에 '是'를 쓰고, 일반적으로 문장 끝에 '的'를 쓴다.

  예 你是什么时候来的? 我是昨天来的。
  너 언제 왔어? 나는 어제 왔어.
  这个电脑在哪儿买的? 这是在百货商店买的。
  이 컴퓨터 어디서 샀어? 이건 백화점에서 샀어.

3. 只有亲自去，才能显出我的诚意来啊

只有…, 才…

- '只有…, 才…'는 '~해야만, ~하다'라는 조건 관계의 의미를 나타낸다. 반드시 앞 절의 조건이 갖추어져야만 뒷 절의 결과가 발생함을 말한다.

  예 只有坚持不懈，才能取得成功。 끝까지 부지런해야만, 비로소 성공할 수 있다.

실력 점검하기

1. 본문의 내용과 맞으면 'O', 다르면 'X'를 표시해 보자.

(1) 刘备有礼貌，有耐心，他的弟弟张飞性格很急。　　（　　）

(2) 因为诸葛亮每天都刻苦学习，所以没有时间见朋友。（　　）

(3) 刘备第二次去隆中的时候，见到诸葛亮的弟弟了。　（　　）

(4) 大冬天刘备跟两个弟弟去隆中，终于见到了诸葛亮。（　　）

2. 다음 문장에 끊어 읽기 표시(∥)를 하고 여러 번 읽어보자.

> 张飞说："天气太冷了，哥哥不用亲自去见他。把他叫来不就行了吗？"刘备说："只有亲自去，才能显出我的诚意来啊。"

> 张飞说："我一个人去就可以了。如果他不来，我就用绳子把他捆来。"刘备听了很生气："怎么能这样说呢，诸葛先生可不是徒有虚名。"

3. 문장의 빈칸에 알맞은 단어를 보기에서 골라 채워보자.

> **보기**　　夺取　　冒着　　催　　分析

(1) 这次奥运会我们国家的足球队必定_____冠军。

(2) 我_____父母的反对，参加歌手面试。

(3) 因为妈妈_____着快走，早饭都没吃完我就去学校了。

(4) 他为提高水平每次都_____自己的比赛。

4. 빈칸에 알맞은 말을 보기에서 골라 대화를 완성해 보자.

> **보기**　　一趟　　只有　　只得　　不耐烦

梦宇　　我们看什么电影啊？哎呀，我的学生卡落在宿舍了。

王天虹　什么？你怎么每次都忘带东西。

梦宇　　你别这么(1)_____，我回宿舍(2)_____，马上回来。

王天虹　哎，(3)_____带学生卡，才能打折，你去吧。

梦宇　　你别生气呀，下次我一定带好东西。

王天虹　好吧，我(4)_____在这里等你了，快去快回。

중국의 사대기서(四大奇书)

　중국 명(明)나라 때 경제의 발전과 인쇄술의 발달로 많은 시민들이 소설을 읽게 되었다. 이에 다양한 소설 작품이 등장했고, 그중 가장 많은 사랑을 받았던 뛰어난 장편소설 네 가지를 사대기서라고 칭한다.

『삼국지연의(三國志演义)』

　진수(陈寿)가 쓴 역사서 『삼국지』의 내용을 바탕으로 나관중(罗贯中)이 쓴 소설이다. 주로 위, 촉, 오 세 나라간의 싸움을 다루고 있다. 개성적인 인물뿐만 아니라 과장, 대비 등의 심리묘사가 뛰어나다.

『수호전(水浒传)』

　송강(宋江)이라는 인물을 중심으로 108명의 호걸들이 양산박(梁山泊)에 모여 조정과 관료들의 부패에 대항하는 내용이다. 당시 민간에 널리 퍼져있던 수호 고사를 바탕으로 시내암(施耐庵)이 쓴 소설이다. 등장인물들의 개성이 살아있는 문체가 특징이다.

『서유기(西游记)』

　당나라 황제의 명령으로 인도에 불경을 가지러 가는 삼장법사(三藏法师)와 그의 제자인 손오공(孙悟空) 저팔계(猪八戒), 사오정(沙悟净)의 이야기를 담고 있다. 작가는 오승은(吴承恩)이며, 기이한 환상과 풍부한 상상력을 담고 있는 것이 특징이다.

『금병매(金瓶梅)』

　『수호전』에 등장하는 서문경(西门庆)과 반금련(潘金莲)의 사랑 이야기를 주제로 삼았으며, 동시에 당시 사회의 어두운 측면을 폭로하는 소설이다. 작가는 소소생(笑笑生)이라는 필명으로만 알려져 있는데, 누구인지 명확하지 않다. 당시 사회에 대한 비판 정신이 담겨 있으며, 묘사가 대담한 것으로 유명하다.

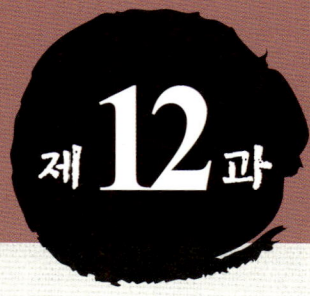

中国诗歌
Zhōngguó shīgē

중국의 시

들여다보기

중국 시는 『시경(诗经)』에서 연원했으며, 당나라 때 그 사상성과 예술성이 최고 수준에 이르렀다. 이 시기에는 약 5만여 수의 시가 지어졌으며, 시가 과거 시험의 한 과목이었을 정도로 많은 사랑을 받았다. 형식적으로도 매우 가다듬어졌는데, 과거의 형식을 따르는 시도 있었지만, 대부분 한 구에 5글자 또는 7글자를 쓰고 8구로 구성되는 율시(律诗), 마찬가지로 각 구마다 5글자 또는 7글자를 쓰고 4구로 구성되는 절구(绝句)로 정형화되었다. 또한 시간이 지남에 따라 점차 현실적이고 서사적이며 사회 비판적인 내용을 담아내어 사회적인 영향을 발휘하기도 했다. 당나라가 멸망하고 송나라가 세워졌을 때도 시는 사랑을 받았으며, 후대에 다양한 운문 문학이 발전할 수 있도록 많은 영향을 끼쳤다.

登鹳雀楼

관작루에 올라

王之涣

白日依山尽,
黄河¹⁾入海流。
欲穷千里目,
更上一层楼。

분석하기
- 친구가 어떤 상황일 때 이 시를 선물하면 좋을까?

찾아보기
1) 黄河 청해성(青海省) 곤륜산맥(昆仑山脉)에서 시작해 동쪽으로 흐르는 중국에서 두 번째로 긴 강. 황토 고원을 거쳐서 흐르며 물의 색깔이 진갈색으로 변하는데, 이로 인해 황하라는 이름을 얻었다.

새 단어

依 yī 동 의지하다, 기대다
尽 jìn 동 다하다, 끝나다
欲 yù 동 바라다, 원하다
里 lǐ 양 리[1리는 500m임]

穷…目 qióng…mù 동 눈이 닿는 데까지 멀리 바라보다

静夜思

고요한 가을날 밤의 상념

李白

床前明月光，
疑是地上霜。
举头望明月，
低头思故乡。

분석하기

- 작자는 어떤 심정으로 이 시를 썼을까? 비슷한 경험이 있으면 말해보자.

疑 yí 동 확신하지 못하다
霜 shuāng 명 서리
举 jǔ 동 들어 올리다, 쳐들다
望 wàng 동 (멀리) 바라보다

低 dī 동 (머리를) 숙이다
思 sī 동 생각하다, 그리워하다
故乡 gùxiāng 명 고향

题西林壁

여산 유람 후 서림사에 들러

苏轼

横看成岭侧成峰,
远近高低各不同。
不识庐山¹⁾真面目,
只缘身在此山中。

분석하기

- 산을 올라갈 때 이 시와 비슷한 감정을 느낀 적이 있다면 말해보자. 이 시에 함축된 의미는 무엇일까?

찾아보기

1) 庐山 강서성(江西省) 구강시(九江市)의 남쪽에 있는 산이며, 세계문화유산으로 등록되어 있다. 경관이 아름다워 예로부터 많은 시인들이 이를 노래하는 시를 지었다.

새 단어

横 héng 형 가로의, 횡의
岭 lǐng 명 재, 고개
侧 cè 명 옆, 곁, 측면
峰 fēng 명 산봉우리
面目 miànmù 명 면모, 모습

缘 yuán 동 (방법·이유 따위에) 의거하다, 의하다

赋得古原草送别

옛 들판의 풀들을 보며 송별하노라

白居易

离离原上草，一岁一枯荣。

野火烧不尽，春风吹又生。

远芳侵古道，晴翠接荒城。

又送王孙去，萋萋满别情。

분석하기

- '野火烧不尽，春风吹又生。'과 같은 자연현상이 우리에게 의미하는 바는 무엇일까?

离离 lílí 형 초목이 무성한 모양, 울창하다
原 yuán 명 들판, 평원
枯 kū 동 (꽃·잎 따위가) 시들다
荣 róng 형 (초목이) 무성하다
芳 fāng 명 화초

侵 qīn 동 침입하다, 침략하다,
翠 cuì 명 비취색, 청록색
荒 huāng 형 황량하다
王孙 wángsūn 명 왕손, 귀족의 자손
萋萋 qīqī 형 (풀이) 무성하다, 우거지다

실력 점검하기

1. 본문의 시를 읽으며 떠오르는 느낌을 그림으로 표현해보자.

2. 본문의 시가 어떤 형식으로 지어졌는지 생각해 보고 인물, 자연, 사상, 감정 등을 주제로 삼아 중국어로 시를 지어보자.

중국의 유명 시인

도잠(陶潛, BC 365~BC 427)

　자는 연명(淵明)이며, 흔히 도연명으로 불린다. 집 앞에 버드나무 5그루를 심어 놓고 스스로를 오류선생(五柳先生)이라고 불렀다. 벼슬을 그만두고 전원에 은거하여 시와 술로 유유자적하는 생활을 했다. 그의 시는 평범하고 담담한 언어를 사용해 전원생활을 노래한 것으로 유명하다. 주요 작품으로 「归园田居」, 「饮酒」, 「归去来辞」 등이 있다.

이백(李白, BC 701~BC 762)

　자는 태백(太白)이며, 우리나라에서는 이태백으로 잘 알려져 있다. 열렬한 감정과 개성적 표현을 시에 담아내었으며, 대담하고 환상적인 표현으로 유명했다. 낭만주의적인 시풍으로 중국 시의 황금기를 이끌었으며 중국에서는 시선(诗仙)으로 불린다. 검술이 뛰어나고 술을 매우 좋아했다고 한다. 당시의 정치적 상황에 맞지 않아 높은 관직에 오르지 못하고 방랑하는 삶을 살다가 지금의 안휘성(安徽省) 지역에서 병사했다. 주요 작품으로 「将进酒」, 「蜀道难」, 「月下独酌」 등이 있다.

두보(杜甫, BC 712~BC 770)

　자는 자미(子美)이며, 중국에서는 시성(诗圣)으로 칭해진다. 이백과 함께 중국 최고의 시인으로 꼽힌다. 그의 시는 백성들을 사랑하는 마음이나 나라에 대한 충성과 같은 유가적인 내용을 담고 있거나 현실의 문제들을 치밀하게 묘사하여 사회성을 발휘한 것이 많다. 이백의 낭만주의와 달리 현실주의적이고 엄밀한 형식의 시풍으로 유명하다. 두보의 시는 우리나라에도 많은 영향을 미쳤고, 조선시대에 크게 사랑 받았다. 주요 작품으로 「春望」, 「兵车行」, 「秋兴」 등이 있다.

부록

본문 해석
모범 답안

01. 自相矛盾
앞뒤가 서로 맞지 않고 모순되다

10쪽

　옛날에는, 국가와 국가 간에 전쟁이 자주 벌어졌으며, 창과 방패는 가장 자주 보이는 무기였다. 하루는, 초나라 사람 한 명이 창과 방패를 들고 시장에 팔러 갔다. 시장은 사람들이 끊임없이 왕래하고, 수레와 말이 줄을 이어, 시끌벅적하기 그지 없었다. 그는 가장 떠들썩한 곳을 찾아서, 창을 높이 들고, 큰소리로 외치고 있었다. "다들 어서 와서 살펴보세요. 내 창은 세상에서 가장 날카로운 창이라, 어떤 방패도 뚫어낼 수 있습니다."

　주위 사람들은 모두 모여들어, 그의 무기를 들고, 자세히 살펴보며, 조용히 의견을 나누었다. 이렇게 많은 사람들이 모여 구경하는 것을 보자, 그는 의기양양해져서, 다시 손 위의 방패를 치켜들고, 큰소리로 말했다. "보십시오, 이것은 내 방패입니다, 세상에서 가장 단단한 방패라, 얼마나 날카로운 창이든 간에, 이것을 뚫을 수 없습니다."

　모두가 그의 방패를 보려고 할 때, 구경꾼들 사이에서 한 사람이 그에게 물었다. "당신의 창은 가장 날카로운 창이고, 당신의 방패는 가장 단단한 방패입니다. 만약 당신의 창으로 당신의 방패를 찌르면, 결과가 어떻게 되는 거죠?" 사람들이 듣고, 모두 하하 웃었다. 그 사람의 얼굴은 단번에 붉어졌으며, 자신의 창과 방패를 들고, 풀이 죽어 떠나갔다.

　후에 사람들은 항상 '자상모순(자가당착, 자기모순)'을 사용해 말하는 것이 앞뒤가 맞지 않음을 나타냈다.

02. 拔苗助長
너무 서두르면 망친다

18쪽

　송나라에 한 농민이 있었는데, 성질이 급하여, 일을 할 때 참을성이 없었고, 항상 일이 단번에 잘 되기만을 바랐다. 봄에, 벼 싹을 논 안에 옮겨 심은 후, 그는 매일 몇 번이고 논으로 살펴보러 뛰어가서는, 벼 싹이 어서 빨리 자라기를 기대하고 있었다. 그러나, 벼 싹은 일부러 그에게 대드는 것처럼, 조금도 자라지 않았다. 그는 애가 달아 발을 동동 구르며, 마음속으로 생각했다. '안 되겠어, 벼 싹이 너무 늦게 자라는데, 언제까지 기다려야 해! 내가 방법을 생각해야겠어." 그는 머리를 쥐어짜내, 마침내 좋은 방법을 생각해 냈다.

　이날, 날이 밝자, 그는 바로 논으로 와서, 고개를 숙이고, 허리를 굽힌 채로, 벼 싹을 조금씩 위로 뽑았는데, 해가 질 때까지 계속하다가, 허리를 곧게 펼 수 없을 만큼 지쳤다. 집으로 돌아와서, 그는 가족들에게 즐겁게 말했다. "오늘 나는 정말 피곤해 죽을 지경이야, 종일 고생스럽게 일했어. 그러나, 애쓴 것이 헛되지 않아, 벼 싹이 모두 자라났지, 하하, 난 너무 기쁘구나!"

　가족들은 모두 이상하게 여겼다, 어찌 벼 싹이 하루 만에 자랄 수 있단 말인가? 다음 날, 그의 아들이 논으로 살펴보러 갔는데, 논가에 도착하자마자 어안이 벙벙해졌다. 벼 싹들이 이리저리 휘어져 쓰러질 듯했고, 모두 죽어 있었다.

　어떤 일이든지 모두 자체의 섭리가 있는데, 만약 조급하게 목적을 달성하려고, 사물의 자연스러운 섭리를 어긴다면, 역효과가 생길 것이다.

03. 守株待兔
고지식하고 융통성 없이 요행만을 바라다

26쪽

송나라에 매일 밭에서 일을 하는 한 농부가 있었다. 아침에 날이 밝자마자 일어나, 괭이를 메고서 밭으로 가고, 저녁 무렵 해가 곧 산으로 질 때서야, 괭이를 메고 집으로 돌아왔다.

하루는, 이 농부가 밭에서 일을 하고 있을 때, 갑자기 산토끼가 풀숲에서 뛰쳐나왔다. 산토끼는 사람이 있는 것을 보고 온 힘을 다해 달아나다가, 갑자기 나무그루에 부딪혀, 목이 꺾여 죽었다. 농부는 빙긋 웃으며 손에서 농사일을 내려놓고, 다가가서 죽은 토끼를 주워들었다.

저녁에 집으로 돌아가서, 농부는 토끼를 아내에게 주었다. 아내는 구수한 산토끼 고깃국을 끓여, 두 부부가 맛있게 먹었다.

둘째 날에도, 농부는 전처럼 밭에 가 일을 했지만, 더는 전처럼 그렇게 열심히 하지 않는 것 같았다. 그는 잠깐 일을 하고는 곧장 풀숲을 한 번 보고, 귀를 기울이며, 또 뛰쳐나와 나무그루에 부딪히는 토끼가 있기를 바랐다. 이렇게, 그는 종일 정신을 판 채로 일을 했다. 날이 저물 때까지도 토끼가 나오는 걸 보지 못하자, 그는 실망하여 집으로 돌아갔다.

셋째 날에도, 농부는 밭에 갔지만, 이미 그는 전혀 일하고 싶지 않았다. 그는 농기구를 한쪽에 내버려두고, 스스로 나무그루 옆의 밭두렁에 앉아, 오로지 산토끼가 뛰쳐나오기만 기다렸다. 그러나 그는 또다시 종일 헛되이 기다렸다.

농부는 이렇게 매일 나무그루 옆을 지켰으나, 그는 끝까지 다시 토끼를 줍지 못했다. 그의 밭에 난 잡초는 자라면 자랄수록 (키가) 커져서, 농작물을 모두 파묻어 버렸다.

이 어리석은 농부가 한 번의 우연한 사건을 흔한 현상과 필연적인 법칙으로 여겼으니, 결과는 의심할 여지 없이 아무런 성과도 얻을 수 없었다. 이 이야기는 마찬가지로 하늘에서 떡이 떨어지는 일은 자주 일어날 수 없으며, 스스로의 부지런한 노동을 통해서야 소득을 얻을 수 있다는 것을 사람들에게 알려준다.

04. 掩耳盜鈴
눈 가리고 아웅

34쪽

춘추시대 말기에는, 전쟁이 끊이지 않았다. 기회를 틈타 어느 인가의 집에 가서 물건을 훔치려는 좀도둑이 있었는데, 그는 정원에 매달려 있는 큰 종을 보았다. 종은 양질의 청동으로 만들어진 것이었고, 조형과 도안이 모두 정교하고 아름다웠다. 좀도둑은 속으로 매우 기뻐하며, 이 정교하고 아름다운 큰 종을 짊어지고 자기 집으로 돌아가려고 했다. 하지만 종이 크고 무거워서, 그가 몇 번이고 움직였지만, 어떻게 해도 옮길 수 없었다. 이리저리 생각해보니, 한 가지 방법이 있었는데, 그것은 종을 부숴버린 후에, 다시 한 조각 한 조각씩 옮겨서 집으로 돌아가는 것이었다.

좀도둑은 큰 망치 하나를 찾아서, 힘껏 종을 향해 내리쳤다. "쾅"하는 큰 소리가, 그를 화들짝 놀라게 했다. 좀도둑은 허둥대면서 '이것은 큰일이구나, 내가 종을 훔치고 있다고 사람들에게 알리는 것과 같지 않은가?'라고 마음속으로 생각했다.

그는 마음이 급해지자, 몸이 순식간에 종으로 뛰어 들어갔다. 그는 양팔을 벌려서 종소리를 막으려고 했으나, 종소리를 또한 어찌 막을 수 있겠는가!

그는 들을수록 더욱 두려워져서, 자신도 모르게 양손을 거두어, 힘껏 자기 귀를 막았다. "어라, 종소리가 작아졌어, 들리지 않다!" 좀도둑은 기뻐했다. "좋았어! 귀를 막으니 종소리가 들리지 않는구나." 그는 곧장 천 두 조각을 찾아서, 귀를 막고, 마음속으로 생각했다. '이러면 누구도 종소리를 못 듣겠다.' 이리하여 마음 놓고 종을 깨뜨리기 시작했다. 종소리가 먼 곳까지 전해지자, 사람들이 듣고 벌 떼처럼 몰려들어, 좀도둑을 붙잡았다.

'엄이도종(귀를 막고 종을 훔치다)'은 나중에 '엄이도령(귀를 막고 방울을 훔치다)'이라고 말하게 되었으며, 이 성어는 어리석고 스스로도 믿지 못할 것으로 남을 속이는 행위를 비유하는데 자주 사용된다.

05. 半途而廢
가다가 포기하면 아니 감만 못하다

42쪽

동한 시기에, 한 지혜로운 여자가 있었다, 사람들은 그녀가 무슨 이름인지도 모르고, 단지 그녀가 악양자의 부인이라는 것만 알았다.

하루는, 악양자가 길에서 금 한 덩어리를 주워서, 집으로 돌아간 후 그것을 아내에게 주었다. 아내가 말했다. "제가 들은 바로는 훗한 바가 있는 사람은 훔친 샘물도 먹지 않는다그 합니다, 왜냐하면 훔친 샘물이라는 이름 자체가 좋지 않기 때문입니다. 다른 사람이 내던진 음식도 먹지 않고, 차라리 굶습니다. 다른 사람이 잃어버린 물건을 줍는 것은 더욱 말할 필요가 없으며, 이렇게 하는 것은 명성에 해가 될 수도 있습니다." 악양자는 아내의 말을 듣고, 매우 부끄러워, 그 금덩이를 내버리고, 먼 곳으로 가 학문을 쌓아 나갔다.

일 년 후에, 악양자가 돌아왔다. 아내가 그에게 왜 집에 돌아왔냐고 물으니, 악양자가 말했다. "집을 떠난 기간이 오래되어 집이 그리웠소." 아내는 다 듣고서, 칼 한 자루를 들고 베틀 앞으로 가 말했다. "이 베틀 위의 비단은 누에고치로 짠 것입니다. 실 한 가닥 한 가닥씩 쌓아야 한 촌이 되고, 한 촌씩 쌓아 가야 한 장, 한 필이 됩니다. 오늘 만약 내가 이것을 자른다면, 이전에 쓴 시간 역시 헛되이 낭비됩니다. 공부 역시 이러하니, 당신이 매일 새로운 지식을 배우고 하루하루 이를 쌓아, 당신 자신의 학문으로 바꾸는 것입니다. 만약 중도에 멈추면, 실을 끊는 것과 무엇이 다릅니까?"

악양자는 아내가 한 말에 깊이 감동했다, 그리하여 다시 돌아가 계속 공부했고, 연이어 칠 년이나 집에 돌아간 적이 없었다.

06. 孟姜女哭长城
맹강녀의 눈물로 무너진 만리장성

50쪽

진나라 때에, 성이 맹 씨인 집안이 있었다. 그 집에서 박 모종을 심었는데, 박 줄기가 벽을 따라 이웃 강 씨네 집까지 기어올라 열매를 맺었다. 박이 익으니, 한쪽은 맹 씨 집에 걸쳐 있고, 한쪽은 강 씨 집에 걸쳐 있었다. 그래서 양쪽 집안사람들이 박을 쪼개고, 보니, 안쪽에 희고 포동포동한 여자 아이가 있었다, 이리하여 그녀에게 맹강녀라는 이름을 지어주었다. 맹강녀는 자라서, 아름답고 총명하여, 모두가 그녀를 좋아했다.

이 시기에, 진시황은 장성을 짓기 위해 곳곳에서 장정을 잡아가기 시작했다. (징집을 피하기 위해) 집에서 도망 나온 범희량이라는 선비가 있었다. 그는 목이 말라서, 마실 물을 찾고자 하다가, 별안간 사람의 고함과 말 우는 소리를 들었다, 알고 보니 여기는 사람을 잡아가는 중이었구나! 그는 미처 달아나지 못하고, 옆의 낮은 담을 넘어갔다. 본래 그 담 뒤는 바로 맹 씨 집의 후원이었다. 이때, 맹강녀는 화원에서 산책을 하고 있었는데, 갑자기 범희량을 보았다. 그녀가 막 소리를 지르려고 하자, 범희량이 황급히 말했다. "아가씨, 소리 지르지 마세요! 저는 피난한 것입니다, 저를 살려주세요!"

맹강녀는 언뜻 보니, 범희량이 선비의 모양새이고, 준수하여, 그에게 한 눈에 반해버렸다. 그리하여 후에 두 사람은 결혼을 했다. 결혼하고 삼 일도 되지 않았을 때, 갑자기 한 무리의 관병이 뛰어들어와, 장성을 짓기 위해 범희량을 잡아갔다.

맹강녀는 매일 남편이 돌아오기를 바라고 있었지만, 일 년이 지나도, 편지 한 통도 없었다. 맹강녀는 걱정되었다, 그녀는 연달아 몇 밤을 자지도 않고 남편을 위해 옷을 만들고는, 직접 남편을 찾으러 장성에 가기로 결정했다. 그녀는 여행 짐을 잘 정리하고, 부모에게 작별 인사를 하고, 곧장 북쪽으로 떠났다, 배가 고프면, 만두를 몇 입 먹고, 목이 마르면, 길가의 시냇물을 마셨다.

도중에, 얼마나 힘들고 고통스러운 일을 겪더라도, 맹강녀는 눈물 한 방울조차 흘리지 않았다.

마침내, 완강한 의지와 남편에 대한 깊은 사랑에 기대어, 그녀는 장성에 도착했다. 이때 장성은 이미 길고 길게 지어졌었다. 맹강녀는 곳곳마다 찾아보았으나, 결국 남편의 종적을 찾지 못했다. 마지막으로, 그녀는 다른 사람에게 물어보았다. "여기에 범희량이라는 사람이 있습니까?" 그 사람이 말했다. "응, 이런 사람이 있지." 맹강녀는 듣고서, 매우 기뻤다 그녀는 이어서 서둘러 질문했다. "당신은 그가 어디에 있는지 아십니까?" 그 사람은 한 숨을 쉬었다. "후, 이미 죽었어! 죽은 사람이 너무 많아서, 묻지도 못하고, 시체가 모두 장성을 메웠지!"

부음을 듣자, 맹강녀는 눈앞이 까매지고, 비통하여, 큰 소리로 울기 시작했고, 삼일 밤낮 동안 내내 울었다. 결국, 하늘과 땅마저도 감동했다. 하늘이 점점 어두컴컴해지고, 바람이 점점 거세지다가, '와르르' 소리가 들리더니, 장성의 한 곳이 (맹강녀의) 울음에 무너지자, 드러난 것은 바로 범희량의 시체였다. 맹강녀의 눈물이 그의 얼굴에 떨어졌다, 그녀는 마침내 자신이 진심으로 사랑하는 남편을 만났으나, 그는 오히려 다시는 그녀를 볼 수 없었다.

장성을 짓기 위해, 수천수만의 백성이 목숨을 바쳤으며, 맹강녀가 울음으로 장성을 무너뜨린 이야기도 대개로 전해 온다.

07. "年"与春节的传说
'연' 괴수와 구정의 유래

60쪽

춘절은 음력으로 새해의 시작이며, 중국의 전

통 명절이기도 하다. "춘절을 브내다"는 "해를 보내다"라고 부르기도 한다. "연"은 무엇일까? 전설 속에서, 연은 사람들에게 나쁜 운수를 가져오는 괴수이다. 그는 머리에 긴 뿔이 나있고, 바다 깊은 곳에 살며, 매해 가장 마지막 날 해안에 기어올라와, 백성들을 해친다. 마을 사람들은 모두 매우 두려워하여, 함께 산으로 도망간다.

어떤 해에, 마을 사람들이 도망가고 있을 때, 마을 밖에서 한 구걸하는 노인이 왔다. 마을의 한 마음씨 좋은 할머니가 그에게 약간의 음식을 주고는, 그에게 말했다. "'연' 괴수가 곧 와요, 당신도 우리와 함께 산에 올라가서 피합시다." 그 노인은 수염을 쓰다듬고는, 미소를 지으며 말했다. "할머니, 만약 나를 당신의 집에 하룻밤 머물게 해준다면, 내가 반드시 '연' 괴수를 쫓아내겠습니다." 할머니는 허락하였다.

한밤중에, "연" 괴수는 아니나 다를까 마을로 뛰어들었다. 그러나, 그는 마을의 분위기가 이전과 다른 것을 알아차렸다. 할머니 집의 문 위에는 진홍색 종이가 붙어 있고, 집 안은 촛불 빛으로 환하게 비추어졌다. "연" 괴수는 크게 울부짖더니, 할머니의 집을 향해 달려들었다.

곧 입구에 다다를 때, 갑자기 정원에서 "탁탁"하는 소리가 들려오자, "연" 괴수는 두려워서 감히 앞으로 나아가지 못했다. 원래 "연" 괴수는 붉은색, 불빛, 폭죽 소리를 가장 무서워했다. 이때, 할머니 집의 문이 열리고, 붉은 두루마기를 입은 노인이 크게 웃으며 걸어 나왔다. '연'은 놀라서 바다 밑으로 도망쳐 돌아갔다.

이튿날, 사람들은 산에서 돌아와서, 마을이 부서지지 않은 것을 보고, 놀라워했다. 할머니는 자기 집의 문 위에 붉은 종이가 붙어있고, 정원에는 다 타지 않은 대나무 한 덩이가 여전히 "탁탁" 소리를 내고 있으며, 붉은 양초 몇 개가 아직도 빛나는 것을 보고, 그제야 그 신비한 노인을 떠올렸다. 이 일은 백성들 사이에 빠르게 퍼졌고, 사람들은 모두 "연" 괴수를 쫓는 방법을 알게 되었다.

이로부터, 매년 춘절에는, 집집마다 붉은 대련을 붙이고, 폭죽을 터뜨리고, 등불을 밝히며, 새해 첫날이 오는 것을 기다렸다. 또한 이 전설로 인해, "춘절을 보내다"를 "해를 보내다"라고 부르기도 하는데, 바로 "연" 괴수를 보낸다는 의미이다.

08. 精卫填海
온갖 고난을 무릅쓰고 고군분투하다

70쪽

전설 속 염제의 딸은 착하고 사랑스러우며, 이름은 여와이다, 염제는 그녀를 애지중지 여겼다.

여와는 어려서부터 꿈이 있었는데, 끝없이 넓은 바다를 볼 수 있기를 바랐고, 아버지가 그녀를 데리고 동해, 즉 태양이 뜨는 곳에 가 볼 수 있기를 간절히 바랐다. 그러나 아버지는 매일 바쁘셔서, 줄곧 그녀를 데리고 갈 수 없었다.

소녀는 하루하루 자라났고, 결국에 어느 날, 그녀는 스스로 동해를 찾을 수 있을 것이라고 생각했다. 그래서, 살며시 집을 떠나, 홀로 동해 바닷가에 와서, 작은 배에 올라타고 바다를 향해 배를 저어 갔다. 배를 젓는 중에, 갑자기 바다 위에 사나운 바람이 불어 닥치고, 큰 파도가 일어났다. 여와는 뱃머리를 돌려 해안으로 배를 저으려고 했으나, 풍랑이 너무나 거세어, 그녀가 어떻게 힘을 써도, 배는 조종할 수 없었다. 갑자기, 산처럼 큰 파도가, 여와의 배를 뒤집어 버렸다. 연약한 여와는 바다에 떨어졌고, 빠르게 힘이 빠져서, 천천히 바다로 잠겨 들었다.

여와가 죽고, 그녀의 영혼은 한 마리 작은 새로 변했다. (그 새는) 머리에 꽃문양이 있고, 부리가 희고, 발이 붉으며, 언제나 구슬픈 "징웨이(정위), 징웨이(정위)"하는 울음소리를 냈다. 그래서, 사람들은 이 작은 새를 "정위"라고 불렀다.

정위는 무자비한 바다가 자신의 어린 생명을 빼앗아 간 것을 원망했다. 복수를 위해, 그녀는 바다를 평평하게 메우기로 결심했다. 그래서, 그녀는 쉬지 않고 산에서 작은 돌과 작은 나뭇가지를 물고, 아침부터 저녁까지, 한 번 또 한 번, 피곤한 것도 모르고 동해까지 날아가서, 돌멩이, 나뭇가지를 바다에 던져버리며, 바다를 평평하게 메울 수 있기를 바랐다.

바다는 그녀를 비웃었다. "작은 새야, 그만두어라, 네가 이렇게 백만 년 동안 하더라도, 나를 평평하게 메울 수는 없다! 너는 너 스스로가 겨우 어느 정도의 능력인지 살피지도 않는구나……"

정위가 대답했다. "비록 천만 년, 일억 년 동안 하더라도, 우주의 끝까지, 세상의 마지막 날까지 하더라도, 나는 언젠가 당신을 평평하게 메울 것입니다!"

"어리석은 새야, 너는 왜 이렇게 나를 미워하는가?" 바다가 물었다.

"왜냐하면 당신이 내 어린 생명을 빼앗았고, 당신이 이후에도 여전히 더 많은 무고한 생명을 빼앗을 것이기 때문입니다. 그래서 나는 당신을 메워 평지로 만들어서, 당신이 다시 다른 사람을 해치도록 하지 않겠습니다!"

바다제비는 동해를 날아갈 때 뜻하지 않게 정위를 보았고, 그녀의 행위에 감동을 받아서, 그녀와 부부를 맺었다. 그들은 많은 수의 작은 새들을 낳았는데, 암컷은 정위를 닮았고, 수컷은 바다제비를 닮았다. 이 아이들은 그들의 부모와 똑같이, 바다를 메우기 위해 돌멩이와 나뭇가지를 물었다. 오늘날까지도. 그들은 여전히 꾸준하게 이 일을 하고 있다.

09. 嫦娥奔月
상아가 달로 달아나다

80쪽

후예는 아홉 개의 태양을 쏘아 떨어뜨리고, 큰 공을 세워, 백성의 존경과 사랑을 받았다. 그러나 그가 흥분하여 천제에게 보고하러 갔을 때, 천제는 오히려 울적해져서 말했다. "비록 네가 백성들에게 공이 있지만, 네가 나의 아홉 아들을 쏘아 죽였으니, 내가 너를 보자마자, 그들이 떠오르는구나. 너는 네 아내 상아와 평범한 사람이 되어, 인간 세상에 가서 사는 것이 좋겠구나."

후예가 집으로 돌아온 후에 이 일을 아내인 상아에게 알렸다. 상아는 매우 괴로워했고, 그녀는 후예를 원망했다. "신선이 평범한 사람이 되었으니, 장생불사할 수 없게 되었습니다, 나는 결코 늙어서 죽고 싶지 않습니다." 후예가 아내를 위로하며 말했다, "괜찮습니다, 내가 듣자 하니 옥산에 서왕모가 살고 있는데, 그녀가 장생불사의 약을 가지고 있다고 합니다. 우리가 그녀를 찾아서 두 명 분을 달라고 할 수 있으니, 신선이 될 수 없어도, 장생불사할 수 있습니다."

이튿날 아침, 후예는 활과 화살을 메고, 말을 타

고 옥산으로 갔다. 후예의 처지를 듣고, 서왕모는 그를 동정하여, 곧장 그에게 두 명 분의 장생불사 약을 주었다.

후예는 약을 얻고, 신나게 집으로 돌아가서, 상아와 함께 약을 먹으려고 했다. 그러나 이때 그에게 나가서 일을 좀 처리해 달라는 사람이 있어서, 후예는 상아가 약을 우선 챙겨 놓고, 그가 돌아오길 기다렸다가 함께 먹도록 했다.

후예가 떠난 뒤에, 상아는 약을 보며 생각했다. "이 약은 한 명 분을 먹으면 장생불사할 수 있으니, 만약 두 명 분을 먹으면, 아마 신선이 되어, 하늘로 돌아가 살 수 있을 거야." 이리하여, 그녀는 약 꾸러미를 열고, 두 명 분의 약을 전부 먹었다. 상아가 약을 먹자마자, 몸이 지면에서 천천히 뜨면서, 하늘을 향해 날아갔다.

후예는 일을 마치고, 즐겁게 집으로 돌아왔는데, 문에 들어서자마자 책상 위의 약봉지가 비어 있는 것을 보았고, 상아도 보이지 않았다. 그는 황급히 뛰어나갔지만, 익숙한 형체 하나가 하늘을 향해 떠가는 것만을 보았다. 후예는 이것이 분명히 상아임을 알고서, 매우 상심했다!

이때 상아는 아직도 위로 올라가고 있었다. 그녀는 생각했다. "어디로 가면 좋을까?" 그녀는 머리를 들고 밝은 달을 바라보았다 "월궁에 가서 머물자, 저기는 틀림없이 아름다운 곳일 거야." 이리하여, 상아는 바로 월궁을 향해 날아갔다. 월궁에 도착하자마자, 상아는 후회했다. 월궁은 대단히 적막했고, 한 마리의 흰토끼, 한 마리의 두꺼비와 한 그루의 계수나무를 제외하면, 아무것도 없었다. 상아는 굉장히 쓸쓸함을 느꼈다, 그녀가 얼마나 그녀의 남편을 그리워하는가, 그녀의 집을 그리워하는가, 떠들썩한 인간 세상을 그리워하는가!

그러나 이미 늦었고, 그녀는 영원히 적막한 월궁에서 살 수 밖에 없었다.

인간 세상에서 살고 있는 후예는 상아가 그리워서, 항상 밤에 하늘을 쳐다보며 아내의 이름을 외쳤다. 팔월 십오일 밤에, 그는 달이 유난히 밝고, 표면에 흔들리는 그림자가 상아와 매우 닮았다는 것을 발견했다. 그래서, 그는 후원에 상아가 가장 좋아하는 간식과 과일을 차려 놓고, 마음속으로 줄곧 그리워하고 있는 아내에게 제사를 지냈다.

백성들은 상아가 달로 도망가서 신선이 되었다는 소식을 듣고, 후예를 본떠서, 팔월 십오일 밤에 달 아래에 간식, 과일을 차려놓고, 상아에게 길상과 평안을 기원했다. 이로부터, 팔월 십오일에 달을 보며 기도하는 풍속이 민간에 천천히 퍼져 나갔다. 이것이 중추절의 유래이다.

10. 鯀禹治水
곤, 우가 물을 다스린 중원의 신화

90쪽

사천여 년 전, 요임금이 재위하던 때에, 인간 세상에는 한 차례 큰 홍수가 났다. 전해지는 바에 따르면 천제가 땅 위의 백성들이 늘 잘못을 저지르는 것을 보고, 화가 나서, 인간 세상에 큰 홍수를 내리고, 이로써 인간들을 벌했던 것이라고 한다.

홍수는 무섭기 그지없어서, 대지가 물바다로 변했다. 논밭이 침수되어, 사람들은 먹을 것이 없었고, 집이 무너져, 백성들은 살 곳이 사라졌고, 독사와 맹수들이 사방에서 날뛰며, 사람과 가축을 해쳤다. 인간들의 생활은 매우 어려웠다.

백성들을 벌하는 것은 천제의 결정이었고, 다른 신은 간섭할 수 없었다. 그들 대다수는 인간 세상의 고통에 그다지 관심도 없었으며, 오로지 자신이 즐겁게 사는 것만 생각했다. (인간 세상의 고통에 관심이 있는 신은) 오직 곤이라는 신뿐이었는데, 그는 천제의 손자이며, 진심으로 백성들을 안타깝게 여겼고, 백성을 위해 근심했다. 그는 이미 천제에게 홍수를 거두어 줄 것을 여러 차례 요청했었다. 그러나 완고한 천제는 듣지 않았을 뿐만 아니라, 곤을 꾸짖었다. 곤은 너무나 조급해졌다, 고통 받는 백성들을 보며, 그는 그들을 도와 홍수를 다스려야겠다고 결심했다.

　　곤은 물을 다스리려면 흙을 써서 막아야 한다고 생각했다. 그러나, 그 많은 흙이 어디에서 나겠는가? 그는 문득 하늘의 궁전에 식양이라고 불리는 보물이 있다는 것이 생각났다. 그것은 보기에 결코 크지 않지만, 땅을 향해 던지기만 하면, 빠르게 자라나면서, 쌓여 산이 되고, 다져져 둑이 되고도, 성장을 멈추지 않는다. 그러나 곤은 이것이 천제의 보물이며, 자기에게 주지 않을 것을 알고 있었다.

　　그래서 그는 하늘의 궁전에 수비가 소홀한 틈을 타서, 식양을 훔쳐 나왔다. 곤이 인간 세상에 와서, 홍수가 범람하는 곳을 향해 식양을 던지자, 식양은 곧바로 빠르게 자라났다. 홍수가 1미터 불어나면, 식양이 1미터 자라나고, 홍수가 10미터 불어나면, 식양이 10미터 자라나서, 홍수는 곧 큰 둑의 바깥쪽에 막혀 버렸다.

　　그러나 이때, 천제가 식양을 도둑맞은 일을 알게 되었다, 그는 매우 분노했고, 곤이 하늘의 역적이라고 생각하여, 망설이지 않고 화신을 보내 곤을 죽이고, 식양을 되찾아 왔다. 식양이 없어지자, 홍수는 곧장 반격해 와서, 둑을 무너뜨려버렸다.

　　곤이 살해당했지만, 그의 치수에 대한 소원이 실현되지 않았기 때문에, 그의 영혼은 결코 죽지 않았다. 삼 년이 지났지만, 그의 시체는 아직도 썩지 않았다. 게다가, 뱃속에 새로운 생명을 잉태했다, 이것이 그의 아들 우이다. 우는 곤의 뱃속에서 자라며, 변화하며, 아버지의 모든 신력을 흡수했다.

　　곤의 시체가 삼 년간 썩지 않았다는 말을 듣고, 천제는 몹시 두려웠다, 그래서 천신 한 명을 보내 보도(잘 만든 귀한 칼)로 곤의 배를 갈랐다. 그 순간, 곤의 아들 우가 아버지의 뱃속에서 튀어나왔다.

　　우는 아버지가 이루지 못한 일을 계속하려고, 하늘로 가서 천제를 뵙길 청했다. 천제는 우가 홍수를 다스리려는 결심에 감동 받았다. 그래서 그에게 식양을 주는 것을 허락하고, 아울러 신룡을 보내서 우와 함께 백성을 위해 홍수를 다스리는 것을 돕도록 했다.

　　우는 물을 다스릴 곳에 도착했다. 그는 처음에 아버지처럼 (물을) 막는 방법을 사용하려고 했다, 그러나 둑을 쌓은 후에, 막혀있던 홍수의 거꾸로 작용하는 힘이 더 커서, 금세 둑을 무너뜨렸다. 여러 차례를 시도한 후에, 우는 마침내 한 가지 이치를 이해했다. "막기만 하는 것은 안 돼, 통하게 해야 해." 그래서, 우는 신룡으로 하여금 꼬리로 땅 위에 줄을 긋게 했다, 그런 후에 사람들로 하여금 선을 따라 도랑을 파서 수로를 만들게 하여, 홍수를 바다로 끌어들였다. 이 도랑과 수로들은 오늘날의 장강과 황하가 되었다.

　　물을 다스리기 위해, 우는 각지를 분주하게 뛰어다녔다. 그는 일찍이 자기 집 문을 세 번이나 지나갔지만, 한 번도 들어가지 않았다. 이렇게 십삼 년간의 노력으로, 우는 마침내 홍수를 다스렸고, 곤의 생전의 뜻을 이루었다. 그는 홍수를 바다로 이끌어냈을 뿐만 아니라, 관개수로를 만들어, 백성들이 강물을 이용해 농작물에 물을 대도록 했다.

후대 사람들은 모두 우가 물을 다스린 공적을 찬양하며, 그를 '대우'라고 높여 불렀다.

11. 三顾茅庐
참을성과 정성으로 뛰어난 인재를 얻다

100쪽

동한 말기, 제갈량은 융중의 초가집에 살았다.

어떤 사람이 유비에게 추천했다. "제갈량은 보기 드문 인재이니, 그대가 천하를 얻도록 도울 수 있습니다." 이리하여 유비는 제갈량을 방문하기로 결정했으며, 자신이 천하를 얻는데 그가 도움을 주기를 바랐다.

처음에, 유비는 자신의 형제인 관우, 장비를 데리고, 선물을 준비해서, 융중으로 제갈량을 만나러 갔다. 공교롭게도, 그날 제갈량이 집에 있지 않아서, 유비는 한 차례 헛걸음을 했다. 돌아가는 길에, 그는 제갈량의 집 쪽으로 걸어오는 한 사람을 마주쳤다. "당신은 분명히 제갈량 선생이시지요?" 유비가 기뻐하며 말했다. "아, 아닙니다. 저는 제갈량의 친구인데, (저도) 그를 찾으러 왔습니다." 유비는 실망하여 돌아갈 수밖에 없었다.

며칠이 지나고, 듣자 하니 제갈량이 집에 돌아왔다고 하여, 유비는 바로 그를 만나러 가고 싶었다. 이때는 마침 겨울이어서, 날씨가 무척이나 추웠다. 장비가 말했다. "날씨가 너무 추우니, 형님이 직접 그를 만나러 갈 필요는 없습니다. 그를 불러오면 안 됩니까?" 유비가 말했다. "직접 가야만, 내 성의를 보일 수 있다."

그래서 유비는 관우, 장비와 눈보라를 무릅쓰고, 두 번째로 제갈량을 방문하러 갔다. 그들은 문을 두드리고 안으로 들어가, 한 소년을 만났다.

"제갈량 선생, 드디어 당신을 만났군요!"

"당신이 유비 선생님이십니까? 저는 제갈량의 동생입니다."

"당신의 형은 (어디에 있습니까)?"

"그는 친구와 함께 나갔습니다."

"어디로 갔습니까?"

"낚시하러 강에 갔을 수도 있고, 유람하러 산에 갔을 수도 있고, 또 금을 연주하고 바둑을 두려고 친구 집에 갔을 수도 있습니다."

"그는 언제 돌아오는 겁니까?"

"이건, 저도 모르겠습니다."

"나와 선생은 참으로 인연이 없구나." 유비는 한숨을 쉬었다.

장비는 원래 오고 싶지 않았고, 제갈량이 집에 없는 것을 보자, 돌아가자고 재촉해 댔다. 유비는 어쩔 수 없이 편지 한 장을 남기고 떠났다.

겨울이 가고 봄이 오자, 유비는 다시 제갈량을 초청하러 갈 준비를 했다. 성의를 나타내기 위해, 그는 삼일 동안 고기를 먹지 않았고, 또 깨끗한 옷으로 갈아입었다. 관우와 장비는 참을 수가 없었다, 관우가 말했다. "제갈량이 진짜 재능과 학식을 갖추고 있는지는 확실하지 않으니, 갈 필요가 없습니다!" 장비가 말했다. "저 혼자 가도 괜찮습니다. 만약에 그가 오지 않으면, 제가 밧줄로 그를 묶어오겠습니다." 유비가 듣고 화를 냈다. "어찌 이렇게 말할 수 있느냐, 제갈량 선생은 결코 명성이 헛된 사람이 아니다." 이리하여 그들은 세 번째로 제갈량을 방문하러 갔다. 제갈량의 집에 도착했을 때, 그가 잠을 자고 있어서, 유비는 줄곧 밖에서 기다리다가, 제갈량이 깨니 들어갔다.

이번에, 유비는 마침내 제갈량을 만났다. 제갈량은 천하의 형세를 아주 날카롭게 분석했고, 유비는 대단히 감탄했다.

유비의 "삼고초려"는 제갈량을 매우 감동시켰기에, 그는 유비가 천하를 얻도록 돕겠다고 대답했다. 유비는 제갈량을 얻고, 마치 물고기가 물을 만난 것과 같이, 머지않아 촉나라를 세웠고, 위나라, 오나라와 천하를 고루 나눈 세 나라 중 하나가 되었다.

12. 中国诗歌

登鹳雀楼
관작루에 올라

110쪽

한낮의 해는 서산마루에 걸려 기울고,
황하는 바다로 흘러들어 간다.
천리 끝까지 더 바라보고파,
다시 누각의 한 층을 올라가 보노라.

静夜思
고요한 가을날 밤의 상념

111쪽

침대 머리로 흘러든 밝은 달빛에,
땅에 서리가 내렸나 했네.
고개를 들어 밝은 달을 바라보고,
고개를 숙여 고향을 생각하네.

题西林壁
여산 유람 후 서림사에 들러

112쪽

가로로 보면 산줄기 옆으로 보면 봉우리,
멀고 가깝고 높고 낮음이 각각 다르게 보이네.
여산의 진짜 모습을 알지 못하는 것은,
몸이 이 산 속에 있기 때문이라네.

赋得古原草送别
옛 들판의 풀들을 보며 송별하노라

113쪽

무성한 들판 위의 풀,
한 해에 한 번씩 시들고 피네.
들불이 일어도 다 태우지 못하니,
봄바람 불면 다시 자란다네.
멀리 풀들은 옛길을 뒤덮고,
맑은 날 푸른빛은 황량한 성으로 이어졌네.
또다시 그대를 떠나보내니,
이별의 정이 풀처럼 가득하구나.

모범답안

01. 自相矛盾　　14쪽

1. ①, ③
   - ② 顺理成章: 조리 있고 분명하다
   - ④ 天衣无缝: 흠 잡을 데 없이 달벽하다
2. ③
3. (1) 欣赏　(2) 结实　(3) 得意　(4) 正
4. (1) 看着　(2) 极了　(3) 人来人往

02. 拔苗助长　　22쪽

1. ②
   - ① 顺其自然: 순리에 맡기다, 따르다
   - ③ 放人自流: 간섭하지 않고 원하는 대로 하게 하다
   - ④ 循序渐进: 점차적으로 나아가다
2. ④
3. (1) 任何　(2) 故意　(3) 终于　(4) 盼着
4. (1) 好像　　　(2) 一点儿也不
   (3) 绞尽脑汁　(4) 耐心

03. 守株待兔　　30쪽

1. ①, ④
   - ② 安居乐业: 평안히 살면서 즐겁게 일하다
   - ③ 随机应变: 임기응변하다
2. ③
3. (1) 朝，朝　(2) 拼命　(3) 一事无成　(4) 突然
4. (1) 见到　(2) 回到　(3) 一，就　(4) 越，越

04. 掩耳盗铃　　38쪽

1. ③

① 能说会道: 말솜씨가 좋다
② 众所周知: 모든 사람이 다 알고 있다
④ 画蛇添足: 쓸데없는 짓을 하다

2. ②
3. (1) 等于　(2) 使劲　(3) 立刻　(4) 扑
4. (1) 去　　(2) 又，又　(3) 挪　(4) 碎

05. 半途而废　　46쪽

1. ①, ④
   - ② 坚持不懈: 꾸준하게 하다
   - ③ 知难而进: 어려움에 굴하지 않고 나아가다
2. ④
3. (1) 积累　(2) 损坏　(3) 一连　(4) 扔
4. (1) 下去　(2) 宁可　(3) 有什么　(4) 起来

06. 孟姜女哭长城　　56쪽

1. ② → ④ → ③ → ①
2. 　秦朝的 // 时候，有 // 一户 // 姓孟的 // 人家，种了 // 一棵瓜苗，瓜秧 // 顺着墙 // 爬到 // 邻居姜家 // 结了 // 一个瓜。

　这时候，秦始皇 // 开始 // 到处 // 抓壮丁 // 修长城。有一个 // 叫 // 范喜良的 // 读书人 // 从家里 // 逃了 // 出来。
3. (1) 亲自　(2) 靠　(3) 翻　(4) 到处
4. (1) 来不及　(2) 连　(3) 把　(4) 不

07. "年"与春节的传说　　66쪽

1. ③ → ② → ④ → ①

128

2.　村里 // 一位 // 好心的 // 老婆婆 // 给了 // 他 // 一些食物，然后 // 对他说：" '年' 兽 // 快来了，你 // 跟我们 // 一起上山 // 去躲一躲吧。"

　　第二天，人们 // 从山上 // 回来，看到 // 村子 // 没有 // 被破坏，感到 // 很惊讶。

3. (1) 灯火通明　　(2) 摸　　(3) 躲　　(4) 赶走
4. (1) 正在　　(2) 被　　(3) 快要　　(4) 让

08. 精卫填海　　　　　　　76쪽

1. ② → ③ → ① → ④
2. 　　小女孩 // 一天天 // 长大了，终于 // 有一天，她 // 觉得 // 自己 // 能找到 // 东海，于是，悄悄地 // 离开了家，一个人 // 来到 // 东海边，坐上 // 一只小船 // 向海里 // 划去。

　　一只 // 海燕 // 飞过 // 东海时 // 无意间 // 看见了 // 精卫，被 // 她的行为 // 所感动，与她 // 结成了 // 夫妻。

3. (1) 看作　　(2) 哪怕　　(3) 升　　(4) 控制
4. (1) 为了　　(2) 把　　(3) 坚持不懈　　(4) 学

09. 嫦娥奔月　　　　　　　86쪽

1. ② → ③ → ① → ④
2. 　　后羿 // 回家后 // 把这件事儿 // 告诉了 // 妻子嫦娥。嫦娥 // 难过极了，她 // 埋怨 // 后羿："神仙 // 变成了 // 凡人，就不能 // 长生不死了，我 // 可不想 // 变老死去。"

　　这时 // 有人 // 叫他 // 出去 // 办点儿事儿，后羿 // 就让嫦娥 // 把药 // 先 // 收起来，等 // 他 // 回来 // 再 // 一起吃。

3. (1) 格外　　(2) 呼唤　　(3) 眷恋　　(4) 遭遇
4. (1) 看　　(2) 住着　　(3) 让　　(4) 说不定

10. 鲧禹治水　　　　　　　96쪽

1. ④ → ③ → ① → ②
2. 　　它 // 看上去 // 并不大，可是 // 只要 // 一投向 // 大地，就会 // 很快地 // 生长，堆成 // 山，筑成 // 堤，并且 // 生长不息。

　　洪水 // 涨一米，息壤 // 就长一米；洪水 // 涨十米，息壤 // 就长十米，很快 // 洪水 // 就被 // 挡在 // 大堤之外了。

3. (1) 光　　(2) 治理　　(3) 经过　　(4) 趁
4. (1) 据说　　(2) 看上去　　(3) 都　　(4) 只要

11. 三顾茅庐　　　　　　　106쪽

1. (1) ○　　(2) ✕　　(3) ○　　(4) ✕
2. 　　张飞 // 说："天气 // 太冷了，哥哥 // 不用 // 亲自 // 去见他。把他 // 叫来 // 不就 // 行了吗？" 刘备 // 说："只有 // 亲自 // 去，才能 // 显出 // 我的诚意 // 来啊。"

　　张飞 // 说："我 // 一个人 // 去 // 就可以了。如果 // 他 // 不来，我 // 就用 // 绳子 // 把他 // 捆来。" 刘备 // 听了 // 很生气："怎么能 // 这样 // 说呢，诸葛先生 // 可不是 // 徒有虚名。"

3. (1) 夺取　　(2) 冒着　　(3) 催　　(4) 分析
4. (1) 不耐烦　(2) 一趟　　(3) 只有　　(4) 只得

인용자료

1과   p.12   https://baike.baidu.com (초나라 지도)

         p.16   http://www.sohu.com/a/140729608_772384 (한비)

               http://baike.sogou.com (저자백가 대사전)

2과   p.20   https://baike.baidu.com (송나라 지도)

               http://blog.sina.com.cn/s/blog_401e65c80101jqak.html (宋国故城)

         p.24   http://mooc.chaoxing.com/course/2214093.html (춘추)

               http://www.xue11.com/html/shibu/zhanguoce/20160818/4491_2.shtml (전국책)

               https://tieba.baidu.com/p/3266048481?red_tag=3175542189 (맹자책)

4과   p.36   https://www.huliwenku.com/p/qtvklodo.html (锤)

               http://shop.11665.com/list0/25/50024050/252801/n_520356571798.html

         p.40   http://www.cssn.cn/mzx/yysx/201511/t20151116_2614823.shtml (피서산장)

               http://www.sohu.com/a/145765800_483913

               https://lvyou.baidu.com/pictravel/0ed8ddb5f3d241b6e47d3ac5 (졸정원)

               http://www.dianping.com/photos/229766277/type (유원)

               http://www.photophoto.cn/show/07960380.html

5과   p.44   http://blog.sina.com.cn/s/blog_158fc92140102w1ff.html (동한 지도)

         p.48   https://www.51wendang.com/doc/4f6c57377750861110b9c35b/7 (실크로드)

6과   p.54   http://www.shasm.gov.cn/detail.asp?id=11750 (진나라 지도)

               https://baike.baidu.com/item/%E7%A7%A6%E5%A7%8B%E7%9A%87/6164 (진시황)

         p.58   https://zhidao.baidu.com/question/372723907.html (진나라 만리장성 지도)

               http://www.mofangge.com/html/qDetail/07/c3/201408/eft3c307183181.html (명나라 만리장성)

7과	p.64	http://3g.zhuokearts.com/m/auction/art/detail/29017368 (袍)
	p.68	http://news.yesky.com/news/61/108108561.shtml (춘절 폭죽)
		http://image.baidu.com

8과	p.74	http://mooc.chaoxing.com/course/154116.html (신농씨)
	p.78	http://www.sohu.com/a/129586099_498109 (홍제와 염제)
		http://blog.163.com/taoqiang06@126/blog/static/134784237201251581215919/

9과	p.88	http://xiangtan.house.qq.com/a/20160914/049312.htm (중추절)
		http://www.nanjing.gov.cn/xxzx/tpxw/201509/t20150928_3576754.html (달맞이)

10과	p.98	http://travel.taiwan.cn/scenedl/201505/t20150518_9826189_26.htm (황하)
		http://www.hnzjb.gov.cn/xwnr.aspx?id=7868

11과	p.108	http://www.997788.com/s301/30180323/ (삼국지)
		http://www.huaxiagift.com/product_content.aspx?Common_id=8750 (수호전)
		http://image.baidu.com (서유기)
		http://image.baidu.com (금병매)

12과	p.116	https://baike.baidu.com (도잠)
		http://www.cntv.cn/program/dssgsw/20040913/102265.shtml (이백)
		https://baike.baidu.com (두보)

* 위에 기재하지 않은 자료는 저작자나 출판사가 저작권을 가지고 있습니다.

MEMO

중국어뱅크

이야기로 만나는

중국문학 독해

워크북

성어부터 시가까지 중국문학을 읽는다는 것,
중국문학의 즐거움!

동양북스

중국어뱅크

이야기로 만나는

중국문학 독해

워크북

성어부터 시가까지 중국문학을 읽는다는 것,
중국문학의 즐거움!

熊欢 편저
김현철·김주희·이준섭 편역
원제: 中国文学读本 (절강교육출판사 刊)

동양북스

제 1 과 自相矛盾

앞뒤가 서로 맞지 않고 모순되다

　　古时候，国家和国家之间常常发生战争，矛和盾是最常见的武器。有一天，一个楚国人带着矛和盾到市场上去卖。市场上人来人往，车水马龙，热闹极了。他找了个最热闹的地方，把矛举得高高的，大声吆喝着："大家快来看啊，我的矛是世界上最尖锐的矛，可以刺透所有的盾。"

　　周围的人都围了过来，拿着他的武器，仔细欣赏着，小声议论着。看见有这么多人围观，他得意极了，又举起手上的盾，大声说："看，这是我的盾，它是世界上最结实的盾，无论多么尖锐的矛，都刺不穿它。"

　　大家正准备欣赏他的盾时，人群中有一个人问他："你的矛是最尖锐的矛，你的盾是最结实的盾。如果用你的矛去刺你的盾，结果会怎么样呢？"大家听了，都哈哈地笑了。那个人的脸一下子变红了，拿起他的矛和盾，灰溜溜地走了。

　　以后人们常常用"自相矛盾"来形容说话前后不一致。

연습 문제

1. 下列表达与课文内容相符的句子是（　　）。

　① 市场里有很多人，非常热闹

　② 很多人要来市场买武器

　③ 一个楚国人带着各种各样的武器到市场上去卖

　④ 一个楚国人找了个僻静的地方宣传他的武器

2. 根据课文内容改正错误。

(1) 古时候，民族之间常常发生战争，矛和盾是稀缺的武器。

→ _____

(2) 根据楚国人的说法，他的矛是比较尖锐的矛，可是不能刺透他的盾。

→ _____

3. 为什么他得意极了？（　　）

　① 受到别人的夸奖。

　② 很多人买了他的矛。

　③ 很多人听到他的话后，聚集在他的周围。

　④ 大家都觉得他的矛是世界上最尖锐的。

4. 他为什么灰溜溜地走了？（　　）

　① 因为没有人相信他的话，所以他非常生气。

　② 有人把他卖的矛和盾弄坏了。

　③ 有人指出他的矛和盾的缺点。

　④ 他认识到他说的话前后不一致。

5. 找出与课文内容相符的词语。（　　）

后来人们常常用"自相矛盾"来比喻说话前后_____。

① 不协调　　② 不一般　　③ 不一定　　④ 一致

6. 找出与划线部分意思相近的词语。（　　）

那个人的脸一下子变红了，拿起他的矛和盾，<u>灰溜溜</u>地走了。

① 喜悦　　② 细溜溜　　③ 灰暗　　④ 沮丧

7. 人们对楚国人是什么态度？（　　）

① 款待　　② 嘲笑　　③ 表扬　　④ 羡慕

8. 如果你卖矛和盾，怎样宣传？

_____
_____
_____
_____
_____

연습 문제

9. 这个故事揭示了什么道理?

10. 根据课文内容填空。

  一个楚国人在一个市场里卖矛，他说他的矛是(1)_____。很多人听说后都围了过来，他很得意。接着他又开始卖他的盾，他说他的盾是(2)_____。

  大家正准备欣赏他的盾时，有人问他："(3)_____，结果会怎么样呢?"大家都笑了。他的脸一下子就红了，(4)_____矛和盾(5)_____走了。

제 2 과 拔苗助长

너무 서두르면 망친다

　　宋国有一个农民，性子很急，做事情没有耐心，总是希望事情一下子就能做好。春天，把秧苗插进田里以后，他每天都跑到田里去看几次，盼着秧苗能快快长高。可是，秧苗好像故意跟他作对一样，一点儿也没有长。他急得直跺脚，心想：'不行，秧苗长得太慢了，这要等到什么时候啊！我得想个办法。'他绞尽脑汁，终于想到了一个好办法。

　　这天，天刚亮，他就来到田里，低着头，弯着腰，把秧苗一点儿一点儿地往上拔，一直干到太阳下山，累得腰都直不起来了。回到家里，他高兴地对家里人说："今天可把我累坏了，辛辛苦苦干了一整天。不过，工夫总算没有白费，秧苗全都长高了，哈哈，我太高兴了！"

　　家里人都觉得很奇怪，秧苗怎么可能一天就长高呢？第二天，他的儿子跑到田里去看，刚走到田边就呆住了：秧苗东倒西歪的，全都死了。

　　任何事情都有自己的规律，如果急于求成，违背了事物的自然规律，就会适得其反。

연습 문제

1. 下列表达与课文内容相符的句子是（　　）。

① 除了几个秧苗以外，别的秧苗全都死了

② 他虽然辛苦工作一整天，可是一点都不觉得累

③ 儿子帮爸爸把秧苗一点儿一点儿地往上拔

④ 秧苗长得太慢他心里着急，他希望秧苗能快些长大

2. 连线。

① 他的儿子跑到田里发现　　　　　　・　　　・ ⓐ 盼着秧苗能快快长高。

② 宋国有一个农民把秧苗插进田里以后・　　　・ ⓑ 终于想到了一个好办法。

③ 家里人听完他的话后都觉得很奇怪　・　　　・ ⓒ 秧苗全都死了。

④ 他绞尽脑汁　　　　　　　　　　　・　　　・ ⓓ 秧苗怎么可能一天就长高呢？

3. 根据课文内容改正错误。

(1) 把秧苗插进田里以后，他每天都走到田里去看一次，盼着秧苗能慢慢长高。

→ _____

(2) 天一亮他就来到田里，一直干到凌晨，累得腰都弯不起来了。

→ _____

4. 他为什么把秧苗一点儿一点儿地往上拔？（　　）

① 是一种种田的方法。

② 通过把秧苗往上拔吸收营养成分。

③ 帮秧苗长高。

④ 因为秧苗的位置比一般的更矮。

5. 为什么他说:"工夫总算没有白费"？(　　)

① 经过他的努力,收获了丰富的谷物。

② 经过他的努力,秧苗终于全都长高了。

③ 经过他的努力,秧苗自然生长了。

④ 经过他的努力,秧苗都东倒西歪了。

6. 找出与划线部分意思相近的词语。(　　)

他绞尽脑汁,<u>终于</u>想到了一个好办法。

① 刚刚　　　　　　　② 已经

③ 还是　　　　　　　④ 总算

7. 找出与划线部分意思相近的词语。(　　)

秧苗<u>东倒西歪</u>的,全都死了。

① 干净利索　　　　　② 整整齐齐

③ 乱七八糟　　　　　④ 前仰后合

8. 根据课文内容推断以下与他无关的是(　　)。

① 诚实　　　　　　　② 性急

③ 愚笨　　　　　　　④ 糊涂

연습 문제

9. 这个故事告诉我们什么道理?

10. 你的生活中有没有"拔苗助长"的事情发生?

11. 根据课文内容填空。

　　宋朝一个性急的农民(1)_____以后,每天都盼着(2)_____。可是秧苗长得很慢,(3)_____,终于想出一个好办法。有一天,他跑去田里(4)_____。回家后他高兴地对家里人说:"今天把我累坏了,不过,(5)_____"。家里人都(6)_____。第二天,他的儿子去田里发现(7)_____。

守株待兔

고지식하고 융통성 없이 요행만을 바라다

　　宋国有一个农夫，每天在田地里劳动。早上天一亮就起床，扛着锄头往田里走，傍晚太阳快落山了，才扛着锄头回家。

　　有一天，这个农夫正在地里干活，突然有只野兔从草丛中窜了出来。野兔看到有人就拼命地跑，一下子撞到树桩上，折断脖子死了。农夫笑眯眯地放下手中的农活，走过去捡起死兔子。

　　晚上回到家，农夫把兔子交给妻子。妻子做了一锅香喷喷的野兔肉，两口子美美地吃了一顿。

　　第二天，农夫照旧到地里干活，可是他再也不像以前那么专心了。他干一会儿就朝草丛里看一看、听一听，希望再有一只兔子窜出来撞在树桩上。就这样，他心不在焉地干了一天活儿。直到天黑也没有看到兔子出来，他很失望地回家了。

　　第三天，农夫来到田边，他已经完全不想干活儿了。他把农具扔在一边，自己则坐在树桩旁边的田埂上，专门等野兔子窜出来。可是他又白白地等了一天。

农夫就这样每天守在树桩边,然而他始终没有再捡到兔子。他地里的野草却越长越高,把庄稼都淹没了。

这个愚蠢的农夫把一次偶然事件当作常有的现象和必然的规律,结果肯定是一事无成。这个故事也告诉人们天上掉馅饼的事情不可能常常出现,只有通过自己辛勤的劳动才会有收获。

연습 문제

제 3 과

1. 下列表达与课文内容相符的句子是（　　）。

① 农夫打死了一只兔子做料理，跟他的妻子一起吃了

② 兔子出现以后，他干活不专心了

③ 兔子死在农夫的地里让他非常伤心

④ 后来农夫终于又捡到了兔子

2. 根据课文内容改正错误。

(1) 有一天，这个农夫正在地里休息，果然有只野兔从草丛中窜了出来。

→ _____

(2) 他专门等野兔子躲起来，可是他又成功地等了一天。

→ _____

3. 那只兔子是怎么死的？（　　）

① 兔子是被农夫吓死的。　　　　② 兔子一下子撞到树枝上，折断双腿死的。

③ 兔子是被农夫开枪打死的。　　④ 一下子撞到树桩上，折断脖子死的。

4. 根据课文按顺序排列。（　　）

A. 农夫去地里干活干得不那么专心了，他只希望再捡到兔子。

B. 宋国有一个农夫每天在地里努力干活，有一天偶然捡到了一只兔子。

C. 农夫虽然又来到田边，可是完全不想干活儿了，专门等野兔子窜出来。

D. 农夫把兔子交给他的妻子，让她做了，他们一起吃了一锅香喷喷的野兔肉。

E. 他再也没有捡到兔子，他地里的野草却越长越高，把庄稼都淹没了。

① A-B-D-C-E　　　　　　　　② A-C-B-E-D

③ B-D-E-C-A　　　　　　　　④ B-D-A-C-E

연습 문제

5. 找出与划线部分意思相近的词语。（　　）

农夫<u>笑眯眯</u>地放下手中的农活，走过去捡起死兔子。

① 笑呵呵　　　　　　　② 放声大笑

③ 笑开了花　　　　　　④ 强作笑脸

6. 找出与划线部分意思相反的词语。（　　）

就这样，他<u>心不在焉</u>地干了一天活儿。

① 三心二意　　　　　　② 全神贯注

③ 心神不定　　　　　　④ 神不守舍

7. 根据课文内容推断，以下与农夫无关的是（　　）。

① 不劳而获　　　　　　② 懒惰

③ 聪敏　　　　　　　　④ 愚笨

8. 这个故事告诉我们的道理不是（　　）。

① 天上掉馅饼的事情不可能常常出现

② 只有通过自己辛勤的劳动才会有收获

③ 一次偶然事件也可以当作常有的现象或必然的规律

④ 做事情要自己努力，不可以一味心存侥幸

9. 兔子的出现对农夫人生有什么影响?

_____

_____

_____

_____

_____

_____

10. 根据课文内容填空。

宋国有一个农夫整天在田地里劳动。有一天,他在地里干活的时候看到(1)_____。他捡起死兔子并(2)_____,两口子吃了。第二天,他又去地里干活,可是(3)_____。他只希望再捡到死兔子。可是兔子没出来,他很失望地回了家。第三天,农夫(4)_____,在田边(5)_____。他就这样每天守在树桩边,然而(6)_____。他地里的野草(7)_____。

掩耳盗铃
눈 가리고 아웅

제 4 과

　　春秋末期，战争不断。有个小偷趁机跑到一户人家家里想偷点儿东西，他看见院子里吊着一口大钟。钟是用上等青铜做成的，造型和图案都很精美。小偷心里高兴极了，想把这口精美的大钟背回自己家去。可是钟又大又重，他连搬了几次，怎么也挪不动。想来想去，只有一个办法，那就是把钟敲碎，然后再一块一块搬回家。

　　小偷找来一把大锤，使劲朝钟砸去，"咣"的一声巨响，把他吓了一大跳。小偷发慌了，心想：'这下糟了，这不等于是告诉人们我正在这里偷钟吗？'他心里一着急，身子一下子扑到了钟上。他张开双臂想捂住钟声，可钟声又怎么捂得住呢！

　　他越听越害怕，不由自主地收回双手，使劲捂住自己的耳朵。"咦，钟声变小了，听不见了！"小偷高兴起来："妙极了！把耳朵捂住就听不到钟声了。"他立刻找来两块布，把耳朵堵住，心想：'这下谁也听不见钟声了。'于是放心地砸起钟来。钟声传到很远的地方，人们听到后蜂拥而至，把小偷捉住了。

　　"掩耳盗钟"后来被说成"掩耳盗铃"，这个成语常用来比喻愚蠢、自欺欺人的行为。

연습 문제

제 4 과

1. 以下对钟的说明与课文内容不相符的句子是（　　）。

① 材料是高品质的青铜　　　② 重是重，可是小偷能背得起来

③ 不仅造型很美，图案也很美　　④ 在一户人家院子里吊着

2. 根据课文内容改正错误。

(1) 小偷找来一把长棍，使劲朝钟敲去，"咣"的一声巨响，把他吓了一大跳。

→ _____

(2) 他越听越高兴，心甘情愿地收回双手，使劲打开自己的耳朵。

→ _____

3. 小偷为什么心里着急？（　　）

① 钟太重怎么也搬不动。　　　　② 钟声不那么大可是一直响着。

③ 担心人们会发现他在偷钟。　　④ 他不要叫醒睡得正香的人们。

4. 判断题。（正确为O, 错误为X）

① 他的身子一下子扑到了钟上，张开双臂捂住了声音。　　（　　）

② 小偷用棉花塞着耳朵。　　　　　　　　　　　　　　　（　　）

③ 小偷使劲捂住自己的耳朵以后，放心地砸起钟来。　　　（　　）

④ "掩耳盗钟"常用来比喻愚蠢、自欺的掩饰行为。　　　　（　　）

5. 找出与划线部分意思相近的词语。（　　）

小偷<u>发慌</u>了，心想这下糟了，这不等于是告诉人们我正在这里偷钟吗？

① 着慌　　② 镇定　　③ 发愤　　④ 沉着

제4과 · 掩耳盗铃　**17**

연습 문제

6. 找出与划线部分意思相近的词语。（　　）

钟声传到很远的地方，人们听到后<u>蜂拥而至</u>，把小偷捉住了。

① 远走高飞　　　　　　② 四海为家
③ 源源而来　　　　　　④ 扬长而去

7. 与《掩耳盗铃》相似的事情是（　　）。

① 有的学生抄写同学的作业，并把老师的表扬当成自己是真的进步了
② 我正走路时，一个男孩把窗玻璃打破后逃跑了，主人出去时正好看到我在窗户边，就怀疑玻璃是被我打破的
③ 原来诚实的学生，交了不诚实的朋友以后，他也会变得不诚实
④ 今天老师突然提出课堂小考，但我一点也不担心，因为我每天都努力学习

8. 这个故事告诉我们什么道理？

_____
_____
_____
_____
_____
_____

9. 生活中有没有这样自欺欺人的事呢?

_____

_____

_____

_____

_____

_____

10. 根据课文内容填空。

　　春秋时期，有个小偷想偷 (1)_____。他想把它 (2)_____，可是这口钟又大又重，他 (3)_____。最后他想把钟敲碎，然后 (4)_____。他用一把大锤使劲砸钟，(5)_____。小偷慌了，他张开双臂 (6)_____，可是 (7)_____。他 (8)_____，他觉得声音变小了，他很高兴。于是，(9)_____。捂住自己的耳朵以后，(10)_____。很多人听到钟声 (11)_____。

제5과 半途而废
가다가 포기하면 아니 감만 못하다

东汉时，有一位贤慧的女子，人们不知道她叫什么名字，只知道她是乐羊子的妻子。

一天，乐羊子在路上捡到一块金子，回家后把它交给了妻子。妻子说："我听说有志向的人不喝盗泉的水，因为它的名字不好听；也不吃别人扔过来的食物，宁可挨饿。捡别人丢失的东西就更不用说了，这样做会损坏名声。"乐羊子听了妻子的话，非常惭愧，就把那块金子扔了，然后到远方求学去了。

一年后，乐羊子回来了。妻子问他为什么回家，乐羊子说："出门时间长了很想家。"妻子听完，拿起一把刀走到织布机前说："这机上的绢帛是用蚕茧织成的。一根丝一根丝地积累起来，才有一寸长；一寸寸地积累下去，才有一丈、一匹。今天如果我把它割断，以前花的工夫也就白白浪费了。读书也是这样，你每天学习新的知识并一天天地把它们积累起来，变成你自己的学问。如果半路停下来，和割断丝有什么两样呢？"

乐羊子被妻子说的话深深打动了，于是又回去继续学习，一连七年都没有回过家。

연습 문제

제 5 과

1. 下列表达与课文内容相符的句子是（　　）。

① 乐羊子的妻子捡到一块金子后，就把那块金子扔了

② 乐羊子的妻子让丈夫不要用捡到的那块金子

③ 乐羊子的妻子认为用别人丢失的东西不会影响名声

④ 乐羊子学习一年后回家，他的妻子很高兴

2. 根据课文内容改正错误。

(1) 一根丝一根丝地积累开去，才有一丈长；一丈丈地积累上来，才有一寸、一匹。

→ _____

(2) 乐羊子听了妻子的话，非常自豪，就把那块金子花了。

→ _____

3. 为什么妻子拿起一把刀走到织布机前？（　　）

① 织绢帛时要用刀割丝线。

② 她想让丈夫剪断绢帛的丝线。

③ 想用刀割蚕茧来织绢帛。

④ 想用刀割断织布机上的丝线来告诉丈夫读书需要坚持。

4. 乐羊子为什么一连七年都没有回过家？（　　）

① 他变心不想要妻子了，不想回家了。

② 他想回家，但手中回家的钱不够。

③ 他下定决心要埋头苦读，不成功就不回家。

④ 他健康情况不太好，不能回家。

연습 문제

5. 连线。

① 有志向的人不吃别人扔过来的食物　　　　·　　　　·　ⓐ 并一天天地把它们积累起来。

② 今天如果我把它割断　　　　·　　　　·　ⓑ 宁可挨饿。

③ 如果半路停下来　　　　·　　　　·　ⓒ 和割断丝有什么两样呢？

④ 你每天学习新的知识　　　　·　　　　·　ⓓ 以前花的工夫也就白白浪费了。

6. 找出与划线部分意思相近的词语。（　　）

我听说有<u>志向</u>的人不喝盗泉的水，因为它的名字不好听。

① 抱负　　　② 神志　　　③ 意向　　　④ 志愿

7. 根据课文内容推断以下与乐羊子的妻子无关的是？（　　）

① 不贪图小便宜　　　　② 正直无私

③ 轻易放弃　　　　　　④ 贤明智慧

8. 说一说你生活中遇到过的"半途而废"的事情。

_____

_____

_____

_____

_____

_____

9. 这个故事揭示了什么道理?

_____

_____

_____

_____

_____

_____

_____

10. 根据课文内容填空。

　　东汉时,乐羊子的妻子(1)_____。一天,乐羊子在路上(2)_____,回家后(3)_____。可是妻子不高兴,她认为(4)_____,这样做会损坏名声。乐羊子非常惭愧,就把它扔了,然后到远方求学去了。一年后,他因为(5)_____,所以就(6)_____。妻子(7)_____,她说:"你每天学习新的知识(8)_____。如果半路停下来,(9)_____。"乐羊子(10)_____,回去继续学习,一连七年都没有回过家。

제 6 과 孟姜女哭长城

맹강녀의 눈물로 무너진 만리장성

　　秦朝的时候，有一户姓孟的人家，种了一棵瓜苗，瓜秧顺着墙爬到邻居姜家结了一个瓜。瓜熟了，一边在孟家，一边在姜家，所以两家人就把瓜剖开，一看，里面有个又白又胖的小姑娘，于是就给她起了个名字叫孟姜女。孟姜女长大后，美丽聪明，大家都很喜欢她。

　　这时候，秦始皇开始到处抓壮丁修长城。有一个叫范喜良的读书人从家里逃了出来。他口很渴，想找点水喝，忽然听见人的喊声和马的叫声，原来这里正在抓人呢！他来不及跑，就翻过了旁边的一堵矮墙。原来这墙后面就是孟家的后花园。这时候，孟姜女正在花园里散步，忽然看见范喜良，她刚想喊，范喜良急忙说："小姐，别喊！我是逃难的，救救我吧！"

　　孟姜女一看，范喜良是个读书人的样子，长得很英俊，对他一见钟情。后来两人结婚了。结婚还不到三天，突然闯进来一伙官兵，把范喜良抓去修长城了。

　　孟姜女每天盼着丈夫回来，可是过了一年，连一封信都没有。孟姜女很担心，她连续几个晚上不睡觉为丈夫做衣服，决定亲自去长城找丈夫。她整理好行李，告别了父母，一直往北走，饿了，就吃几口馒头；渴了，就喝路边的溪水。

一路上，不管经历多少艰难困苦，孟姜女都没有掉一滴眼泪。终于，靠着顽强的毅力和对丈夫深深的爱，她来到了长城。这时的长城已经修得很长很长了。孟姜女到处找，却始终不见丈夫的踪影。最后，她向人打听："你们这儿有个叫范喜良的人吗？"那人说："嗯，是有这么个人。"孟姜女一听，开心极了！她连忙问："你知道他在哪儿吗？"那人叹了一口气："唉，已经死了！死的人太多，埋不过来，尸体都被填到长城里了！"

听到这个噩耗，孟姜女眼前一黑，一阵心酸，大哭起来，整整哭了三天三夜。最后，连天地都感动了。天越来越阴沉，风越来越猛烈，只听"哗啦"一声，一段长城被哭倒了，露出来的正是范喜良的尸体。孟姜女的眼泪滴在了他的脸上，她终于见到了自己心爱的丈夫，但他却再也看不到她了。

为了修长城，成千上万的百姓献出了生命，孟姜女哭倒长城的故事也一代一代地流传下来。

연습 문제

1. 下列表达与课文内容相符的句子是（　　）。

① 孟姜女到长城后得知她的丈夫死后被埋到了长城里

② 范喜良被抓去修长城后，他给孟姜女写了一封信

③ 范喜良宁可修长城也不要学习，所以从家里逃出去了

④ 孟姜女去长城的路上，她经历了很多艰难困苦并哭过好多次

2. 根据课文内容改正错误。

(1) 秦始皇修长城时候，评功授奖，所以很多人愿意去。

→ _____

(2) 孟姜女一处找，终于见到丈夫的踪影了。

→ _____

3. 为什么他来不及跑，就翻过了旁边的一堵矮墙？（　　）

① 他看见孟姜女后对她一见钟情，为了跟她说话，匆忙地过去她那儿了。

② 他不想回家读书，为躲避来追他的父母。

③ 他认识到这里正在抓人，怕有人抓他去修长城，因此敏捷地藏起来了。

④ 他正想跑开时，听到孟家的后花园有人喊他，因此翻到孟家的后花园去了。

4. 与孟姜女见到丈夫尸体时的情景不相符的是（　　）。

① 哗啦地一声长城的一段倒塌下来了

② 风势慢慢减弱下来

③ 孟姜女一直哭了三天，连天地都感动了

④ 天空的颜色渐趋深暗

5. 判断题。(正确为O, 错误为X)

(1) 她小的时候又白又胖，长大后又美丽又聪明。　　　　　　　　　(　　)

(2) 因为她是从瓜里出生的，所以大家都很喜欢她。　　　　　　　　(　　)

(3) 有一户姓姜的人家，种了一棵瓜苗，瓜秧顺着墙爬到邻居孟家结了一个瓜。(　　)

(4) 她不太喜欢范喜良，为了她的父母才结的婚。　　　　　　　　　(　　)

6. 找出与划线部分意思相近的词语。(　　)

听到这个噩耗，孟姜女眼前一黑，一阵心酸，大哭起来。

① 捷报　　　　　　　　　② 喜讯

③ 佳音　　　　　　　　　④ 凶讯

7. 孟姜女为丈夫准备了什么礼物？(　　)

① 瓜苗　　　　　　　　　② 衣服

③ 馒头　　　　　　　　　④ 溪水

8. 课文中的故事情节让人感到(　　)。

① 搞笑　　　　　　　　　② 痛快

③ 哀痛　　　　　　　　　④ 惊险

연습 문제

9. 你读这个故事之前听过与长城有关的故事吗？有没有对长城的看法发生改变？

_____

_____

_____

_____

_____

_____

_____

10. 根据课文内容填空。

　　　　从(1)_____出生的孟姜女长大后，又(2)_____又(3)_____，大家都很喜欢她。那时候，秦始皇(4)_____修长城。有一天，她在花园里遇到了(5)_____而从家里(6)_____范喜良。她(7)_____他(8)_____，后来两人结了婚。可是结婚不到三天，范喜良就(9)_____。一年(10)_____，她很担心。她带着为丈夫准备的衣服去长城找他。在经历了很多(11)_____之后终于到了长城，但她却得知丈夫已经死了，而且尸体(12)_____。她伤心极了，哭了整整三天三夜。最后，一段长城(13)_____，露出了(14)_____。

"年"与春节的传说

'연' 괴수와 구정의 유래

　　春节是农历新年的开始，也是中国的传统节日。"过春节"又叫做"过年"。"年"是什么呢？传说中，年是一种给人们带来坏运气的怪兽。它头上长着角，住在海底，每年的最后一天爬上岸，伤害百姓。村民们都非常害怕，就一起逃到山里。

　　有一年，村民们正在逃难，从村外来了一个乞讨的老人。村里一位好心的老婆婆给了他一些食物，然后对他说："'年'兽快来了，你跟我们一起上山去躲一躲吧。"那老人摸了摸胡子，笑着说："老婆婆，如果让我在您家住一晚，我一定把'年'兽赶走。"老婆婆同意了。

　　半夜，"年"兽果然闯进了村。但是，它发现村里的气氛与以前不同了：老婆婆家的门上贴着大红纸，屋里被烛光照得很亮。"年"兽大吼了一声，朝老婆婆家扑了过去。

　　快要到门口时，院子里突然传来"噼噼啪啪"的响声，"年"兽吓得不敢往前走了。原来，"年"最怕红色、火光和爆炸的声音了。这时，老婆婆家的门开了，一位穿着红袍的老人大笑着走了出来。"年"被吓得逃回了海底。

第二天，人们从山上回来，看到村子没有被破坏，感到很惊讶。老婆婆看到自己家的门上贴着红纸，院里一堆没有烧完的竹子仍在发出"啪啪"的响声，几根红蜡烛还有火光，这才想起那个神秘的老人。这件事很快在民间传开了，人们都知道了赶走"年"兽的办法。

从此，每年春节，家家贴红对联、放鞭炮、灯火通明，等待新年第一天的到来。也因为这个传说，"过春节"又叫"过年"，就是把"年"兽送走的意思。

연습 문제

제 7 과

1. 下列表达与课文内容相符的句子是（　　）。

   ① 中国人每年春节时为了祝贺新年都放鞭炮

   ② 半夜，"年"闯进村子时没感到村里的气氛与以前不一样

   ③ 村民们通过老人得知了赶走"年"兽的办法

   ④ 第二天，老婆婆从山上回来向神秘的老人表达谢意

2. 根据课文内容改正错误。

   (1) 老婆婆家的门上贴到大红纸，屋里把烛光照得很亮。
   → _____

   (2) 停于门口时，院子里突然传上"噼噼啪啪"的响声，"年"兽好奇地往前走了。
   → _____

3. "年"不怕的是（　　）。

   ① 火光　　　　　　　　② 对联

   ③ 红色　　　　　　　　④ 爆炸的声音

4. 老人为什么要住在老婆婆家一晚？（　　）

   ① 他也怕"年"，可是别人都逃难去了，没办法才住在老婆婆家。

   ② 他是从村外来的，没有寄宿的地方，是求靠老婆婆的。

   ③ 因为老婆婆怕"年"，所以要求老人跟她一起在她家躲一晚。

   ④ 老婆婆的好意使他深受感动，他要为村民们把"年"兽赶走。

연습 문제

5. 找出与划线部分意思相近的词语。（　　）

人们从山上回来，看到村子没有被破坏，感到很<u>惊讶</u>。

① 惊醒　　　　　　　　② 惊奇

③ 惊叫　　　　　　　　④ 惊羡

6. 找出与划线部分意思相近的词语。（　　）

老婆婆看到自己家的门上贴着红纸，几根红蜡烛还有火光，这才想起那个<u>神秘</u>的老人。

① 神奇　　　　　　　　② 神气

③ 深秘　　　　　　　　④ 探秘

7. 以下与"年"的说明中有关的是（　　）。

① 它新年第一天爬上岸，伤害百姓

② 村民们虽然都非常怕它，但是它给人们带来幸运，所以人们欢迎它的到来

③ 它头上长着角，住在深山里

④ 一旦它出现，村民们就一起逃到山里

8. 人们对"年"是什么态度？（　　）

① 崇拜　　　　　　　　② 尊敬

③ 恐惧　　　　　　　　④ 疼爱

9. 你觉得从村外来的人是什么样的人?

10. 根据课文内容减缩为200个字。

精卫填海

온갖 고난을 무릅쓰고 고군분투하다

　　传说炎帝的小女儿善良可爱，名字叫女娃，炎帝把她看作掌上明珠。

　　女娃从小就有一个梦想，希望能见到无边的大海，她非常希望父亲能带她到东海——太阳升起的地方去看一看。可是因为父亲每天都很忙，总是不能带她去。

　　小女孩一天天长大了，终于有一天，她觉得自己能找到东海，于是，悄悄地离开了家，一个人来到东海边，坐上一只小船向海里划去。划着划着，海上突然刮起了狂风，掀起了大浪，女娃想掉转船头划向岸边，可是风浪太大了，不管她怎么用力，小船就是控制不住。突然，一个大浪像山一样，把女娃的船打翻了。弱小的女娃落入海中，很快就没了力气，慢慢地沉入了大海。

　　女娃死了，她的灵魂变成了一只小鸟：花脑袋，白嘴壳，红脚爪，总是发出很悲伤的"精卫、精卫"的叫声。所以，人们把这只小鸟叫作"精卫"。

　　精卫痛恨无情的大海夺去了自己年轻的生命，为了报复，她决定把大海填平。因此，她不停地从山上衔来小石子和小树枝，从早到晚，一趟又一趟，不知疲倦地飞到东海，然后把石子、树枝投到海里去，希望能把大海填平。

大海嘲笑她："小鸟儿，算了吧，你这样就是干一百万年，也不能把我填平！你也不看看你自己才多大的能力……"

精卫回答："哪怕是干上一千万年、一万万年，干到宇宙的尽头、世界的末日，我总有一天会把你填平的！"

"傻鸟儿，你为什么这么恨我呢？"大海问。

"因为你夺去了我年轻的生命，你以后还会夺去更多无辜的生命，所以我要把你填成平地，不让你再危害别人！"

一只海燕飞过东海时无意间看见了精卫，被她的行为所感动，与她结成了夫妻，他们生了很多小鸟，雌的像精卫，雄的像海燕。这些孩子和他们的父母一样，也去衔石头和树枝填海。直到今天，他们还在坚持不懈地做着这个工作。

연습 문제

1. 女娃为什么去东海边？（　　）

　① 父亲要带她去东海——太阳升起的地方看一看。

　② 在东海她能把自己变成一只小鸟。

　③ 父亲让她跑腿去东海买一只小船回来。

　④ 是她的一个梦想，她从小希望能见到无边的大海。

2. 下列表达与课文内容相符的句子是（　　）。

　① 精卫坐上一只小船向海里划去，海上突然刮起了狂风，所以她赶快掉转船头好不容易才到了岸边

　② 虽然炎帝每天都很忙，但是为了小女儿还是抽时间带她去了东海边

　③ 精卫恨大海，发誓要向它复仇

　④ 精卫在家人的帮助下终于把大海填平了

3. 与精卫不知疲倦地飞到东海，然后把石子、树枝投到海里去的原因无关的是（　　）。

　① 防止大海夺去更多无辜的生命

　② 为了与海燕结为夫妻

　③ 因为大海夺去了精卫年轻的生命

　④ 为了报复，她决定把大海填平

4. 大海为什么嘲笑精卫？（　　）

　① 大海很喜欢嘲笑别人。

　② 大海觉得自己是世界上最强的，没有谁敢与它抗衡。

　③ 不让自己的恐惧表现出来，假装嘲笑她。

　④ 大海认为精卫有些自不量力。

5. 判断题。(正确为O，错误为X)

　　(1) 精卫有花脑袋，白嘴壳，红脚爪。所以，人们把这只小鸟叫作"精卫"。　　(　　)

　　(2) 精卫不管填平大海需要多长时间，也不放弃她的计划。　　(　　)

　　(3) 海燕与精卫生了很多小鸟，雌的像母亲，雄的像父亲。　　(　　)

　　(4) 大海非常怕精卫的恐吓。　　(　　)

6. 找出与划线部分意思相近的词语。(　　)

　　传说炎帝的小女儿善良可爱，名字叫女娃，炎帝把她看作掌上明珠。

　　① 木人石心

　　② 小家碧玉

　　③ 心肝宝贝

　　④ 娇生惯养

7. 找出与划线部分意思相近的词语。(　　)

　　一只海燕飞过东海时无意间看见了精卫，被她的行为所感动。

　　① 偶然　　　　　　② 存心

　　③ 故意　　　　　　④ 特意

8. 女娃死后变成了什么？(　　)

　　① 海燕　　　　　　② 小鸟

　　③ 石子　　　　　　④ 树枝

연습 문제

9. "精卫填海"的故事表达了什么精神?

10. 根据课文内容减缩为200个字左右。

제 9 과 嫦娥奔月

상아가 달로 달아나다

　　后羿射下了九个太阳，立了大功，受到百姓的尊敬和爱戴。但当他兴奋地向天帝汇报时，天帝却闷闷不乐地说："虽然你对百姓有功，可是你射死了我的九个儿子，我一看到你，就会想起他们。你还是和你的妻子嫦娥变成凡人，到人间去住吧。"

　　后羿回家后把这件事儿告诉了妻子嫦娥。嫦娥难过极了，她埋怨后羿："神仙变成了凡人，就不能长生不死了，我可不想变老死去。"后羿安慰妻子说："没关系，我听说玉山住着一位王母娘娘，她有长生不死药。我们可以找她要两份，做不了神仙，但可以长生不死啊。"

　　第二天一早，后羿背上弓箭，骑上马到玉山去了。听了后羿的遭遇，王母娘娘很同情他，马上给了他两份长生不死药。

　　后羿拿到药，兴奋地回到家中，想和嫦娥一起把药吃了。但这时有人叫他出去办点儿事儿，后羿就让嫦娥把药先收起来，等他回来再一起吃。

　　后羿走后，嫦娥看着药想："这药吃一份能长生不死，如果吃两份，说不定能变成神仙，回到天上生活了。"于是，她打开药包，把两份药全吃了。嫦娥刚吃了药，身子就慢慢地飘离地面，向天上飞去。

后羿办完事儿，高高兴兴地回家，一进门看到桌子上的药包空了，嫦娥也不见了。他急忙跑出去，只看见一个熟悉的身影向天上飘去。后羿知道这一定是嫦娥，他伤心极了！

这时嫦娥还在往上升。她想："去哪儿好呢？"她抬头望了望皎洁的明月："我到月宫里去住吧，那儿一定是个美丽的地方。"于是，嫦娥就向月宫飞去。一到月宫，嫦娥就后悔了。月宫里十分冷清，除了一只白兔、一只蟾蜍和一棵桂树以外，什么也没有。嫦娥感到十分寂寞，她是多么想她的丈夫，想她的家，想热闹的人间啊！但是已经晚了。她只能永远住在冷清的月宫里了。

在人间生活的后羿很想念嫦娥，常常在夜里望着天空呼唤妻子的名字。八月十五的晚上，他发现月亮格外明亮，上面还有个晃动的身影非常像嫦娥。于是，他在后花园里摆放上嫦娥最爱吃的点心和水果，遥祭自己心中一直眷恋着的妻子。

百姓们听到嫦娥奔月成仙的消息后，也效仿后羿，八月十五的晚上在月下摆放点心、水果，向嫦娥祈求吉祥平安。从此，八月十五拜月赏月的风俗就在民间慢慢地传开了，这就是中秋节的由来。

연습 문제

제 9 과

1. 下列表达与课文内容相符的句子是（　　）。

① 虽然嫦娥和后羿变成了凡人，但是他们并不难过

② 嫦娥和后羿变成了凡人，没法长生不死了

③ 嫦娥到了月宫才发现与她想象的并不相同

④ 一年只有一次机会，八月十五号，嫦娥和后羿才会见面

2. 连线。

① 百姓们听到嫦娥奔月成仙的消息后，　　　　　　ⓐ 非常想她的丈夫。

② 嫦娥刚吃完药，　　　　　　　　　　　　　　　ⓑ 不过得罪了天帝。

③ 一进门看到桌子上的药包空了，嫦娥也不见了，　ⓒ 向嫦娥祈求吉祥平安。

④ 嫦娥在月宫里　　　　　　　　　　　　　　　　ⓓ 就向天上飞去。

⑤ 后羿受到百姓的尊敬和爱戴，　　　　　　　　　ⓔ 他伤心极了！

3. 以下天帝说的"有功"是什么样的事情？（　　）

"虽然你对百姓有功，可是你射死了我的九个儿子，我一看到你，就会想起他们。"

① 发明了长生不死药。

② 教百姓向嫦娥祈求吉祥平安的方法。

③ 在民间他是爱妻子的榜样。

④ 为了拯救人类，后羿射下了九个太阳。

4. 后羿为什么去找王母娘娘？（　　）

① 为向王母娘娘询问变成神仙的方法。

② 为寻找长生不死药。

③ 为偷盗王母娘娘的宝物。

④ 为向王母娘娘询问回到天上生活的方法。

연습 문제

5. 嫦娥为什么不等后羿，一个人先吃了两份长生不死药？（　　）

① 长生不死药的效力开始慢慢减弱了，没时间等他吃。

② 她变成凡人以后一直埋怨后羿，所以不想让他长生不死。

③ 她觉得吃两份长生不死药，能变成神仙，回到天上生活。

④ 王母娘娘告诉她只有一个人吃才有效果。

6. 找出与划线部分意思相近的词语。（　　）

听了后羿的遭遇，王母娘娘很同情他，马上给了他两份长生不死药。

① 怜悯　　　　　　　　② 留情

③ 恋情　　　　　　　　④ 憎恨

7. 找出与划线部分意思相反的词语。（　　）

她抬头望了望皎洁的明月："我到月宫里去住吧，那儿一定是个美丽的地方。"

① 皎白　　　　　　　　② 暗淡

③ 明净　　　　　　　　④ 明亮

8. 根据课文内容推断，以下与月宫不符的是（　　）。

① 是个十分冷清的地方

② 是个十分寂寞的地方

③ 除了嫦娥以外，没有别的神

④ 嫦娥到月宫之前，一只兔、一只鸟、一棵树住在那里

9. 神仙后羿和嫦娥为什么突然变成了凡人？

10. 根据课文内容减缩为200个字左右。

제10과 鲧禹治水

끈, 우가 물을 다스린 중원의 신화

　　四千多年以前，正是尧帝在位的时候，人间发了一次大洪水。据说是天帝看见地上的百姓总做错事儿，很生气，所以就给人间降下大洪水，以此来惩罚他们。

　　洪水可怕极了，大地变成了汪洋。田地被淹没了，人们没有吃的；房子被毁了，老百姓没有了住处；毒蛇猛兽四处乱跑，伤害人和牲畜。人们的生活非常困难。

　　惩罚百姓是天帝的决定，其他的神不能干涉。他们大多也不太关心人间的疾苦，只顾自己快乐地生活。只有一个叫鲧的神，他是天帝的孙子，他真心地同情老百姓，为百姓担忧。他曾多次请求天帝把洪水收回去。但固执的天帝不但不听，而且还训斥了鲧。鲧非常着急，看着受苦的老百姓，他决定要帮助他们治理好洪水。

　　鲧觉得治水要用土去挡。可是，哪儿来那么多土呢？他突然想到天庭有一个宝物，叫做息壤。它看上去并不大，可是只要一投向大地，就会很快地生长，堆成山，筑成堤，并且生长不息。但鲧知道这是天帝的宝物，是不会给自己的。

　　于是他趁天庭守卫疏忽，把息壤偷了出来。鲧来到人间，把息壤往洪水泛滥的地方一投，息壤立刻迅速生长。洪水涨一米，息壤就长一米；洪水涨十米，息壤就长十米，很快洪水就被挡在大堤之外了。

但这时，天帝知道了息壤被偷的事，他非常愤怒，认为鲧是天庭的叛徒，毫不犹豫地派火神把鲧杀了，夺回了息壤。息壤一撤，洪水立即反扑过来，冲垮了大堤。

鲧被杀了，但因为他治水的愿望没有实现，所以他的灵魂并没有死。三年过去了，他的尸体都没有腐烂。而且，肚子里还孕育了一个新的生命，这就是他的儿子禹。禹在鲧的肚子里生长着、变化着，吸收了父亲的全部神力。

听说鲧的尸体三年不烂，天帝害怕极了，于是就派了一个天神用宝刀剖开了鲧的肚子。这时候，鲧的儿子禹就从父亲的肚子里跳了出来。

禹要继续父亲没有完成的事业，就去天庭求见天帝。天帝被禹治理洪水的决心感动了，于是答应把息壤给他，并派神龙帮助禹一起为百姓治理洪水。

禹来到治水的地方。他一开始也像父亲一样用堵的办法，可是修好大堤之后，被堵的洪水反而威力更大，很快就将大堤冲垮了。试了很多次后，大禹终于明白了一个道理："光堵是不行的，还要疏通。"于是，大禹叫神龙用尾巴在地上画线，然后让人沿着线挖沟成渠，把洪水引入大海。这些沟、渠就成了我们今天的江河。

为了治水，禹四处奔波。他曾经三次经过家门，都没有进去。这样经过十三年的努力，禹终于将洪水治理好，完成了鲧的遗愿。他不仅把洪水引到大海里去，而且还修建了渠道，让百姓们用河水灌溉庄稼。

后人都称赞禹治水的功绩，尊称他为大禹。

연습 문제

제 10 과

1. 下列表达与课文内容相符的句子是（　　）。

① 发生了洪水以后老百姓都恨天神，因此他们总做错事儿

② 虽然大多神很关心人间的疾苦，可是他们都怕尧帝不敢去照顾老百姓

③ 鲧为了给老百姓治理洪水而献出了生命

④ 天帝很固执，坚决不要为百姓治理洪水

2. 根据课文内容改正错误。

(1) 虽然一投向大地，但是会很快地生长，堆成山，筑成堤，并且生长不息。

→ _____

(2) 息壤看出来并不大，可是其威力强大。

→ _____

3. 为了老百姓，鲧和禹是怎么治理洪水的?（　　）

① 鲧和禹都以息壤堵的方式治水。

② 鲧和禹都去请求天帝把洪水收回去，在天帝的帮助下完成治水。

③ 鲧以息壤堵的方式治水，禹采取把洪水引入大海的方式治水。

④ 鲧叫神龙一起沿着线挖沟成渠治水，禹把洪水引入大海的方式治水。

4. 对禹的说明中与课文不相符的句子是（　　）。

① 禹不仅把洪水引到大海里去，而且还修建了渠道，让百姓们用河水灌溉庄稼

② 禹终于实现了父亲的愿望

③ 禹是鲧的儿子，也是天帝的孙子

④ 后人都称赞禹治水的功绩，尊称他为大禹

연습 문제

5. 天帝为什么派了一个天神用宝刀剖开了鲧的肚子？（　　）

① 听说鲧的灵魂并没有死。

② 听说鲧的肚子里还孕育了一个新的生命。

③ 听说鲧的尸体三年不烂。

④ 听说息壤藏在鲧的肚子里。

6. 找出与划线部分意思相近的词语。（　　）

但固执的天帝不但不听，而且还<u>训斥</u>了鲧。

① 责备　　　　　　　　　② 训勉

③ 称誉　　　　　　　　　④ 安慰

7. 找出与划线部分意思相近的词语。（　　）

天帝知道了息壤被偷的事，他非常愤怒，认为鲧是天庭的叛徒，<u>毫不犹豫</u>地派火神把鲧杀了，夺回了息壤。

① 拐弯抹角　　　　　　　② 犹豫不决

③ 进退两难　　　　　　　④ 不假思索

8. 帮助老百姓治理好洪水的神是谁？（　　）

① 鲧、禹、天帝

② 鲧、禹、火神

③ 鲧、禹、火神、神龙

④ 鲧、禹、天帝、神龙

9. 根据课文内容推断以下与鲧和禹治水的精神不符的是（　　）。

① 永不放弃

② 自私自利

③ 前仆后继

④ 舍己为人

10. 根据课文内容减缩为300个字左右。

三顾茅庐

참을성과 정성으로 뛰어난 인재를 얻다

东汉末年，诸葛亮住在隆中的茅庐里。

有人向刘备推荐："诸葛亮是个不可多得的人才，可以帮助你得到天下。"于是刘备决定去拜访诸葛亮，希望他能帮助自己夺取天下。

第一次，刘备带了自己的好兄弟关羽、张飞，准备了一份礼物，到隆中去见诸葛亮。不巧，那天诸葛亮不在家，刘备白走了一趟。在回去的路上，他遇到一个人正朝诸葛亮家走来。"你一定就是诸葛先生吧？"刘备高兴地说。"哦，不，我是诸葛亮的朋友，也是来找他的。"刘备只能失望地回去了。

过了几天，听说诸葛亮回家了，刘备想马上去见他。这时正是冬天，天寒地冻。张飞说："天气太冷了，哥哥不用亲自去见他。把他叫来不就行了吗？"刘备说："只有亲自去，才能显出我的诚意来啊。"

于是刘备和关羽、张飞冒着大风雪，第二次去拜访诸葛亮。他们敲门进去，见到了一位少年。

"诸葛先生，终于见到您啦！"

"您是刘备刘先生吧？我是诸葛亮的弟弟。"

"你哥哥呢？"

"他和朋友一起出去了。"

"去哪儿了？"

"可能去江上钓鱼，也可能去山上游览，还可能去朋友家弹琴下棋。"

"他什么时候回来呢？"

"这，我也不知道。"

"我与先生真没有缘分啊。"刘备叹了一口气。

张飞本来就不想来，见诸葛亮不在家，就催着要回去。刘备只得留下一封信离开了。

冬去春来，刘备准备再去请诸葛亮。为了表达诚意，他三天没有吃肉，还换了干净的衣服。关羽和张飞都不耐烦了，关羽说："诸葛亮不一定有真才实学，不用去了！"张飞说："我一个人去就可以了。如果他不来，我就用绳子把他捆来。"刘备听了很生气："怎么能这样说呢，诸葛先生可不是徒有虚名。"于是他们第三次去拜访诸葛亮。到诸葛亮家时，他正在睡觉，刘备就一直在外面等，直到诸葛亮醒来，才进去。

这次，刘备终于见到了诸葛亮。诸葛亮对天下形势作了非常精辟的分析，刘备十分佩服。

刘备"三顾茅庐"使诸葛亮非常感动，他答应出来帮助刘备夺取天下。刘备有了诸葛亮，就像鱼有了水一样，很快建立了蜀国，成为与魏国、吴国平分天下的三国之一。

연습 문제

1. 下列表达与课文内容相符的句子是（　　）。

① 关羽和张飞向刘备推荐诸葛亮，刘备第一次去诸葛亮家时穿了白的衣服

② 刘备第一次去诸葛亮家时，他没见到诸葛亮，只见到了诸葛亮的朋友

③ 诸葛亮读完刘备留下的一封信后下决心见他

④ 拜访两次以后，关羽和张飞都不耐烦了，所以第三次刘备一个人去拜访了诸葛亮

2. 刘备为什么说"我与先生真没有缘分啊。"？（　　）

① 因为他多次去江上钓鱼也没有遇到诸葛亮。

② 因为他不喜欢和诸葛亮一样去山上游览、弹琴或者下棋。

③ 他两次拜访诸葛亮，都没有机会见到他。

④ 诸葛亮的朋友和弟弟都不让他去诸葛亮家。

3. '他三天没有吃肉，还换了干净的衣服。'中的他是谁？（　　）

① 关羽　　　　　　　　② 诸葛亮

③ 刘备　　　　　　　　④ 张飞

4. 找出与划线部分意思相近的词语。（　　）

诸葛亮是个<u>不可多得</u>的人才，可以帮助你得到天下。

① 平淡无奇　　　　　　② 呆头呆脑

③ 多如牛毛　　　　　　④ 难得可贵

5. 找出与划线部分意思相近的词语。（　　）

诸葛亮对天下形势作了非常精辟的分析，刘备十分<u>佩服</u>。

① 敬佩　　　　　　　　② 佩戴
③ 说服　　　　　　　　④ 服帖

6. 诸葛亮为什么答应帮助刘备？（　　）

① 诸葛亮原来也想要平分天下，所以为了实现自己的梦想才帮助刘备。
② 刘备真心诚意地邀请诸葛亮，诸葛亮很受感动。
③ 关羽和张飞用武力来威胁诸葛亮帮助刘备，诸葛亮无法拒绝他们的要求。
④ 诸葛亮非常喜欢刘备、关羽和张飞准备的礼物，因此答应帮助刘备。

7. 根据课文内容推断以下"就像鱼有了水一样"的意思（　　）。

① 比喻得到跟自己十分投合的人或对自己很合适的环境
② 形容关系密切，感情深厚
③ 比喻使人更加愤怒或使情况更加严重
④ 比喻工作熟练，有实际经验，解决问题毫不费事

8. 根据课文内容推断以下与刘备无关的是（　　）。

① 坚持不懈　　　　　　② 谦虚谨慎
③ 傲慢无礼　　　　　　④ 锲而不舍

연습 문제

9. 找一找现代社会"三顾茅庐"的例子。

10. 根据课文缩写成200个字左右的小故事。

제12과 中国诗歌

중국의 시

登鹳雀楼
판작루에 올라

王之涣

白日依山尽，
黄河入海流。
欲穷千里目，
更上一层楼。

静夜思
고요한 가을날 밤의 상념

李白

床前明月光，
疑是地上霜。
举头望明月，
低头思故乡。

题西林壁
여산 유람 후 서림사에 들러

苏轼

横看成岭侧成峰，
远近高低各不同。
不识庐山真面目，
只缘身在此山中。

赋得古原草送别
옛 들판의 풀들을 보며 송별하노라

白居易

离离原上草，一岁一枯荣。
野火烧不尽，春风吹又生。
远芳侵古道，晴翠接荒城。
又送王孙去，萋萋满别情。

연습 문제

1. 《登鹳雀楼》这首诗反映了怎样的精神？（　　）

　　① 欲以立身扬名耳的精神

　　② 积极向上的进取精神

　　③ 追求卓越的精神

　　④ 弃刚守柔，比喻与人无争的精神

2. 下列表达与《静夜思》相符的句子是（　　）。

　　① 《静夜思》的写作时间是凌晨时分

　　② 《静夜思》描写了雪景

　　③ 作者坐在椅子上看故乡

　　④ 《静夜思》的创作年代是盛唐

3. 《静夜思》的作者主要想念什么？（　　）

　　① 雪　　　　② 明月　　　　③ 霜　　　　④ 故乡

4. 下列表达与《题西林壁》相符的句子是（　　）。

　　① 横看、侧看庐山都一样，可是高处、低处看庐山却呈现不同的样子

　　② 该诗主要描绘了自然风景的美丽

　　③ 该诗表达的哲理是要认识事物的真相与全貌，必须超越狭小的范围，摆脱主观成见

　　④ 人们只有在山中时才能更正确地了解山的样子

5. 根据《题西林壁》推断以下 '远近高低各不同' 的意思？

6. 下列表达与《赋得古原草送别》不相符的句子是（　　）。

① 原野上长的青草很多

② 春风一吹青草又生机勃发

③ 原野上的大火烧光了野草

④ 送别友人时有些依依不舍

7. 《赋得古原草送别》表达了怎样的思想感情？（　　）

① 依依惜别　　② 开心　　③ 精神　　④ 光荣

8. 连线：找出与划线部分意思相当的词或句子。

① 白<u>日</u>依山尽，黄河入海流。　　　　　　ⓐ 由于

② 床前明月光，<u>疑</u>是地上霜。　　　　　　ⓑ 青草茂盛的样子

③ 不识庐山真面目，只<u>缘</u>身在此山中。　　ⓒ 太阳

④ <u>离离</u>原上草，一岁一枯荣。　　　　　　ⓓ 怀疑

9. 填空。

作品名称	作者	文学体裁
《题西林壁》	苏轼	(1)＿＿＿＿绝句
《赋得古原草送别》	(2)＿＿＿＿	五言律诗
(3)＿＿＿＿	李白	五言绝句
《登鹳雀楼》	王之涣	(4)＿＿＿＿绝句

연습 문제

10. 从四首诗中任选一首翻译成白话文。

《静夜思》

《题西林壁》

《登鹳雀楼》

《赋得古原草送别》

모범답안

모범답안

01. 自相矛盾　　　　　　　　4쪽

1. ①

2. (1) 古时候，国家之间常常发生战争，矛和盾是最常见的武器。
   (2) 根据楚国人的说法，他的矛是世界上最尖锐的矛，可以刺透所有的盾。

3. ③

4. ④

5. ①

6. ④

7. ②

8. 　　如果是我卖矛和盾，我可以把矛和盾一起打包卖，把矛和盾作为一套武器，在战争中，有攻就应该有守。矛作为进攻的武器，同时，在进攻的时候盾作为保护自己的武器，可以保证自己的安全。矛和盾相互结合才能有攻有守，取得战争的胜利。

9. 　　世界上没有牢不可破的盾，也没有坚不可摧的矛，这个楚国人片面的夸大了矛和盾的作用，结果自己很难自圆其说。这个故事告诉我们不能说一些让自己都不能信服的话，尤其是不能说大话，要实事求是。

10. (1) 世界上最尖锐的矛，可以刺透所有的盾
    (2) 世界上最结实的盾，任何矛都刺不穿它
    (3) 如果用你的矛去刺你的盾
    (4) 拿起
    (5) 灰溜溜地

02. 拔苗助长　　　　　　　　8쪽

1. ④

2. ①-ⓒ　②-ⓐ　③-ⓓ　④-ⓑ

3. (1) 把秧苗插进田里以后，他每天都跑到田里去看几次，盼着秧苗能快快长高。
   (2) 天一亮他就来到田里，一直干到太阳下山，累得腰都直不起来了。

4. ③

5. ②

6. ④

7. ③

8. ①

9. 　　这个故事告诉我们做任何事都要符合事物发展规律，千万不要单凭自己的意愿去做，不要急于求成，否则只会取得相反的结果。

10. 　　现在的社会竞争越来越大，很多家长都希望自己的孩子长大以后有所作为，担心自己的孩子会输在起跑线上，所以从小就给孩子报各种各样的兴趣班，文化课辅导班。有的家长甚至找家教来家里一对一的辅导自己的孩子。把本该属于孩子玩耍的快乐时光都填得满满的。这样做对有些孩子来说不但没有成效，还可能适得其反，让孩子在小小的年纪就产生了厌学的情绪，其实对他以后的学习和发展并没有好处。这就是一种拔苗助长的行为。

11. (1) 把秧苗插进田里
    (2) 秧苗快快长高
    (3) 他绞尽脑汁
    (4) 把所有的秧苗都往上拔了一点儿

(5) 秧苗全都长高了
(6) 很奇怪
(7) 秧苗全都死了

03. 守株待兔
13쪽

1. ②

2. (1) 有一天，这个农夫正在地里干活，突然有只野兔从草丛中窜了出来。
   (2) 他专门等野兔子窜出来，可是他又白白地等了一天。

3. ④

4. ④

5. ①

6. ②

7. ③

8. ③

9. 农夫在遇到兔子后，他的人生态度发生了转变，从勤劳的人变成懒惰的人。他把一次偶然的幸运当成了常有的现象，从此不主动努力工作，心存侥幸，希望得到意外之财，致使他的天地荒芜。兔子的存在对他的人生产生了消极的影响。

10. (1) 一只野兔撞到树桩上死了
    (2) 把它拿回家交给妻子做了一锅香喷喷的野兔肉
    (3) 他再也不专心了
    (4) 完全不想干活儿了
    (5) 专门等野兔子窜出来
    (6) 他始终没有再捡到兔子
    (7) 却越长越高，把庄稼都淹没了

04. 掩耳盗铃
17쪽

1. ②

2. (1) 小偷找来一把大锤，使劲朝钟砸去，"咣"的一声巨响，把他吓了一大跳。
   (2) 他越听越害怕，不由自主地收回双手，使劲捂住自己的耳朵。

3. ③

4. ① X   ② X   ③ O   ④ O

5. ①

6. ③

7. ①

8. 钟的响声是实际存在的，不管你捂不捂耳朵，只要有人敲它都会响。世界上客观存在的事物不会因为你闭上眼睛就会不存在了。这个故事告诉我们自欺欺人终究会自食苦果，愚蠢的行为骗不了别人。

9. 一个胖子每天都不愿意少吃一点儿，总是觉得自己吃饱以后才有力气减肥。

10. (1) 一口又大又精美的青铜钟
    (2) 背回家去
    (3) 搬不动
    (4) 再一块一块的搬回家
    (5) 钟发出了巨响
    (6) 想捂住钟声
    (7) 捂不住
    (8) 不由自主的捂住了自己的耳朵
    (9) 他找来两块布把自己的耳朵堵住了
    (10) 他放心地砸起钟来
    (11) 跑过来把小偷抓住了

61

05. 半途而废   21쪽

1. ②

2. (1) 一根丝一根丝地积累起来，才有一寸长；一寸寸地积累下去，才有一丈、一匹。

   (2) 乐羊子听了妻子的话，非常惭愧，就把那块金子扔了。

3. ④

4. ③

5. ①-ⓑ   ②-ⓓ   ③-ⓒ   ④-ⓐ

6. ①

7. ③

8. 　　我有点儿胖，为健康着想，去年我决心开始做运动。我去健身房报名并付了3个月的钱。刚开始，我很努力，但是慢慢地就越来越懒惰，三天打鱼，两天晒网。一个月还没到，我就完全不去健身房了。所以我现在又胖了不少，健康也越来越不好。我知道只有坚持锻炼，才能使身体健康，可是我却没有坚持下来，半途而废了。这样不但没有使健康状况改善，还浪费了金钱。

9. 　　这个故事告诉我们，做事不能半途而废，做每件事情都应该坚持，一步一个脚印的做下去。如果每次做事做到一半就放弃，那就永远也不会成功。学习也是一样，有了自己的目标，就要为自己的目标而努力，相信好的成绩和好的未来一定会属于你。

10. (1) 特别贤惠
    (2) 捡到一块金子
    (3) 把它交给了妻子
    (4) 有志向的人不应该用捡来的东西
    (5) 很想家
    (6) 回来了
    (7) 拿起一把刀走到织帛前
    (8) 并一天天地把它们积累起来，变成你自己的学问
    (9) 和割断丝有什么两样呢？
    (10) 被深深打动了

06. 孟姜女哭长城   26쪽

1. ①

2. (1) 秦始皇修长城时候，到处抓壮丁，所以很少人愿意去。

   (2) 孟姜女到处找，却始终不见丈夫的踪影。

3. ③

4. ②

5. (1) O   (2) X   (3) X   (4) X

6. ④

7. ②

8. ③

9. 　　我读这个故事之前没有听过与长城有关的故事，这是第一次。长城给我的印象是雄伟的，壮观的。像一条龙一样，在崇山峻岭之间盘旋。它是世界著名的文化遗产，也是世界上最宏伟的建筑工程。但是我没想到这么伟大的奇迹背后隐藏着无数人和家庭的辛酸与痛苦。我们应该珍惜每一份古人给我们留下来的宝贵财富。

10. (1) 瓜里
    (2) 聪明
    (3) 美丽

(4) 正在到处抓人
(5) 不想被抓去修长城
(6) 逃出来的
(7) 对
(8) 一见钟情
(9) 被官兵抓去修长城了
(10) 都没有信息
(11) 艰难困苦
(12) 被埋到了长城里
(13) 被哭倒了
(14) 范喜良的尸体

10. 　　传说中，"年"是在每年的最后一天爬上岸，伤害百姓的怪兽。这一天村民们因害怕都会逃到山里。有一年，从村外来了一个乞讨的老人，好心的老婆婆给了他一些食物，并劝他也到山里躲一躲。老人不但没躲，还答应赶走"年"。他准备了"年"最怕的红色，火光和能燃烧的可以发出"啪啪"声的竹子。真的把"年"吓回了海底。人们通过老人知道了赶走"年"的方法。从此，每年春节，家家贴红对联、放鞭炮、灯火通明，等待新年第一天的到来。

07. "年"与春节的传说　　31쪽

1. ③

2. (1) 老婆婆家的门上贴着大红纸，屋里被烛光照得很亮。

   (2) 快要到门口时，院子里突然传来"噼噼啪啪"的响声，"年"兽吓得不敢往前走了。

3. ②

4. ④

5. ②

6. ①

7. ④

8. ③

9. 　　我觉得他不是一般的人，是有特殊能力的人。因为他听到"年"兽也不怕，不但不躲起来，还笑着说会把"年"赶走。"年"兽闯进村时，他用红色、火光和爆炸的声音把"年"吓回了海底。他让人们知道了赶走"年"兽的办法，让人们知道怎样保护自己。他是帮助人类的神仙。

08. 精卫填海　　36쪽

1. ④

2. ③

3. ②

4. ④

5. (1) X　　(2) O　　(3) O　　(4) X

6. ③

7. ①

8. ②

9. 　　这则故事表现了远古时代的人们勇于与自然搏斗，不畏困难，艰苦奋斗，矢志不渝地朝着既定的目标奋力拼搏。后来人们用精卫填海比喻志士仁人所从事的艰巨卓越的事业，也常比喻坚持不懈的人。

10. 　　炎帝的小女儿女娃，从小有一个梦想，希望见到无边的大海。长大后，一个人到东海边，坐上一只小船向海

63

里划去。可是海上突然刮起了狂风，把她的船打翻了，女娃被淹死了。她的灵魂变成了一只小鸟，因为它"精卫、精卫"的叫声，人们把它叫作"精卫"。精卫痛恨大海夺去了自己的生命，为了报复大海，它从早到晚衔石子、树枝到海里去，希望填平大海。后来，一只海燕与它结成了夫妻，并且生了很多小鸟。这些小鸟也和父母一样，衔石头和树枝填海。直到今天，他们还在坚持这样做。

生不死药。他本想和她一起吃，但突然有事，就让嫦娥把药先收好。可是嫦娥没等后羿把两份药全吃了。吃完她就升到了月宫。月宫的生活很寂寞。她很后悔，很想后羿和人间。而后羿也很想嫦娥。八月十五的晚上，后羿看到月亮上的人影很像嫦娥，就向着月亮遥祭她。百姓们听到嫦娥奔月成仙的消息后，也效仿后羿，向嫦娥祈求吉祥平安。从此，中秋节拜月的风俗就在民间传开了。

09. 嫦娥奔月　　41쪽

1. ③
2. ①-ⓒ　②-ⓓ　③-ⓔ　④-ⓐ　⑤-ⓑ
3. ④
4. ②
5. ③
6. ①
7. ②
8. ④
9. 　　十个太阳同时出现时，百姓们遭受了很大的灾难。所以神仙后羿为百姓射下了九个太阳。但是天帝听到这个消息以后很难过。因为后羿射下的九个太阳是天帝的九个儿子。所以天帝很生气，就把神仙后羿和他的妻子嫦娥变成了凡人，让他们到人间去住。
10. 　　后羿因射下九个太阳而得罪了天帝，天帝把他和他的妻子嫦娥变成了凡人。嫦娥不想变老死去，所以，为了她，后羿去找王母娘娘要了两份长

10. 鲧禹治水　　47쪽

1. ③
2. (1) 只要一投向大地，就会很快地生长，堆成山，筑成堤，并且生长不息。

   (2) 息壤看上去并不大，可是其威力强大。
3. ③
4. ③
5. ③
6. ①
7. ④
8. ④
9. ②
10. 　　四千多年以前，天帝为了惩罚总做错事的地上的百姓，给人间降下了大洪水。大部分的神不关心人间的疾苦，只有鲧非常担忧受苦的百姓。他去请求天帝收回洪水，但固执的天帝拒绝了他的请求。于是鲧偷了天帝的宝物—可以生长不息的'息壤'来治水。很快洪水就被挡在了大堤之外。

天帝知道了息壤被偷的事，非常愤怒，派火神杀了鲧。鲧死后，他的尸体三年不腐，并且肚子里还孕育了禹。天帝听说后，派一个天神剖开了鲧的肚子，禹就从鲧的肚子里跳了出来。禹要继续父亲未完的事业。他治理洪水的决心感动了天帝，于是天帝把息壤给了他，并派神龙帮助他。禹用息壤治水后发现用堵的办法效果不好，于是他想出把洪水引入大海的方法治水，经过十三年的努力，禹终于治理好了洪水。后人都称赞禹治水的功绩，尊称他为大禹。

10. 　　有人向刘备推荐不可多得的人才诸葛亮，于是刘备决定去请他。第一次去恰巧诸葛亮不在，只能失望而归。不久，刘备又带着关羽和张飞冒着大风雪去请诸葛亮。可诸葛亮又去闲游了。刘备只能留下一封信便离开了。过了一段时间，刘备吃了三天素准备去请诸葛亮。但是关羽和张飞都很不耐烦，劝他别去，他们去。可刘备坚持亲自登门拜访。刘备到诸葛亮家时，诸葛亮正在睡觉，他就一直等到诸葛亮醒来才得以相见。诸葛亮被刘备的诚意打动，决定出山帮他。后来在诸葛亮的帮助下，刘备很快建立了蜀国，成为与魏、吴平分天下的三国之一。

11. 三顾茅庐
52쪽

1. ②
2. ③
3. ③
4. ④
5. ①
6. ②
7. ①
8. ③

9. 　　某公司的销售业绩越来越不好，公司里的人都无能为力。公司老板最后只能求助某位销售专家。三四次的邀请都被拒绝了。但是老板不放弃，一直坚持登门拜访。后来该专家终于被老板的诚意所感动，下决心来他们公司工作。最后，在专家的帮助下找出了销售方面存在的问题，一步一步的加以解决，并使公司的销售业绩得到很大程度提升。

12. 中国诗歌
56쪽

1. ②
2. ④
3. ④
4. ③

5. 从远处和近处不同的方位看庐山，所看到的山色和气势又不相同。

6. ③

7. ①

8. ①-ⓒ　　②-ⓓ　　③-ⓐ　　④-ⓑ

9. (1) 七言
(2) 白居易
(3) 《静夜思》
(4) 五言

10. 《静夜思》
　　明亮的月光洒在窗户纸上，好像地上泛起

了一层霜。我禁不住抬起头来，看那天窗外空中的一轮明月，不由得低头沉思，想起远方的家乡。

《题西林壁》
　　从正面、侧面看庐山山岭连绵起伏、山峰耸立，从远处、近处、高处、低处看庐山，庐山呈现各种不同的样子。我之所以认不清庐山真正的面目，是因为我自身处在庐山之中。

《登鹳雀楼》
　　太阳依傍山峦渐渐下落，黄河向着大海滔滔东流。
　　如果要想遍览千里风景，那就请再登上一层高楼。

《赋得古原草送别》
　　原野上长满茂盛的青草，年年岁岁枯萎了又苍翠。
　　原野上的大火无法烧尽，春风一吹它又生机勃发。
　　芳草的馨香弥漫着古道，阳光照耀下碧绿连荒城。
　　又送游子远行踏上古道，满怀离情望着萋萋芳草。

MEMO

MEMO

외국어 출판 40년의 신뢰
외국어 전문 출판 그룹
동양북스가 만드는 책은 다릅니다.

40년의 쉼 없는 노력과 도전으로 책 만들기에 최선을 다해온 동양북스는
오늘도 미래의 가치에 투자하고 있습니다.
대한민국의 내일을 생각하는 도전 정신과 믿음으로 최선을 다하겠습니다.

동양북스 추천 교재

일본어 교재의 최강자, 동양북스 추천 교재

회화 코스북

일본어뱅크 다이스키
STEP 1·2·3·4·5·6·7·8

일본어뱅크
좋아요 일본어 1·2·3·4·5·6

일본어뱅크 도모다찌
STEP 1·2·3

분야서

일본어뱅크
좋아요 일본어 독해 STEP 1·2

일본어뱅크
일본어 작문 초급

일본어뱅크
사진과 함께하는 일본 문화

일본어뱅크
항공 서비스 일본어

가장 쉬운 독학
일본어 현지회화

수험서

  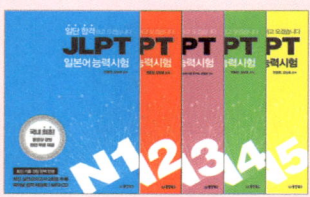 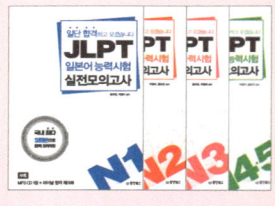

일취월장 JPT
독해·청해

일취월장 JPT
실전 모의고사 500·700

일단 합격하고 오겠습니다
JLPT 일본어능력시험
N1·N2·N3·N4·N5

일단 합격하고 오겠습니다
JLPT 일본어능력시험
실전모의고사 N1·N2·N3·N4/5

단어·한자

특허받은
일본어 한자 암기박사

일본어 상용한자 2136
이거 하나면 끝

일본어뱅크
좋아요 일본어 한자

가장 쉬운 독학
일본어 단어장

일단 합격하고 오겠습니다
JLPT 일본어능력시험
단어장 N1·N2·N3

중국어 교재의 최강자, 동양북스 추천 교재

중국어뱅크 북경대학 신한어구어
1·2·3·4·5·6

중국어뱅크 스마트중국어
STEP 1·2·3·4

중국어뱅크 집중중국어
STEP 1·2·3·4

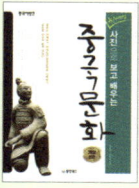
중국어뱅크
뉴! 버전업 사진으로
보고 배우는 중국문화

중국어뱅크
문화중국어 1·2

중국어뱅크
관광 중국어 1·2

중국어뱅크
여행실무 중국어

중국어뱅크
호텔 중국어

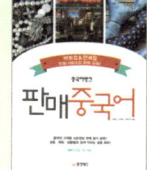
중국어뱅크
판매 중국어

중국어뱅크
항공 실무 중국어

정반합 新HSK
1급·2급·3급·4급·5급·6급

일단 합격 新HSK 한 권이면 끝
3급·4급·5급·6급

버전업! 新HSK
VOCA 5급·6급

가장 쉬운 독학
중국어 단어장

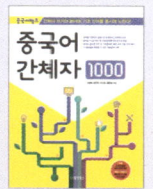
중국어뱅크
중국어 간체자 1000

특허받은
중국어 한자 암기박사

동양북스 추천 교재

기타외국어 교재의 최강자, 동양북스 추천 교재

중고급 학습

| 첫걸음 끝내고 보는 프랑스어 중고급의 모든 것 | 첫걸음 끝내고 보는 스페인어 중고급의 모든 것 | 첫걸음 끝내고 보는 독일어 중고급의 모든 것 | 첫걸음 끝내고 보는 태국어 중고급의 모든 것 | 첫걸음 끝내고 보는 베트남어 중고급의 모든 것 |

단어장

| 버전업! 가장 쉬운 프랑스어 단어장 | 버전업! 가장 쉬운 스페인어 단어장 | 버전업! 가장 쉬운 독일어 단어장 | 가장 쉬운 독학 베트남어 단어장 |

여행 회화

NEW 후다닥 여행 중국어 / NEW 후다닥 여행 일본어 / NEW 후다닥 여행 영어 / NEW 후다닥 여행 독일어 / NEW 후다닥 여행 프랑스어 / NEW 후다닥 여행 스페인어 / NEW 후다닥 여행 베트남어 / NEW 후다닥 여행 태국어

수험서·교재

| 한 권으로 끝내는 DELE 어휘·쓰기·관용구편 (B2~C1) | 수능 기초 베트남어 한 권이면 끝! | 버전업! 스마트 프랑스어 | 일단 합격하고 오겠습니다 독일어능력시험 A1·A2·B1·B2 |